# 老いと病でみる幕末維新

人びとはどのように生きたか

家近良樹
Yoshiki Iechika

人文書院

# まえがき

## 一　私にとっての老病死

のっけから個人的な話で恐縮だが、私はいたって平凡な人間（これは謙遜ではない。私は不必要な自惚《うぬぼ》れ（自己愛）と謙遜は、ともに虫酸《むしず》が走るほど嫌いだ）の割りに、思いがけない（不可思議な）出来事にこれまで幾度か遭遇してきた。

一度目は、有力大学の突然の入学試験中止であった。私の大学入学年は、昭和四十四年（一九六九）のことだ。この年、東京大学と東京教育大学（いまの筑波大学）の入学試験が、学園紛争の余波で突然中止となった。私は怒りをおぼえるよりも呆気にとられたが、人間の社会では何が起こるか判らないということを教えられた、人生で最初の貴重な経験となった。

二度目は、昭和六十年（一九八五）の八月に発生した日本航空機の墜落事故であった。

この事故で、私がたまたま非常勤講師として勤務していた中・高一貫校の社会科の教諭が亡くなった。ついで、事故後まもなくして校長から呼ばれた私は、「社会科の教員が全員で君を推薦しているので、専任教員にならないか」との誘いをうけた。当時、すでに三十代半ばで妻子もいた私には断われるはずもなく、翌九月一日から殉職教諭が受け持っていた高校一年G組のクラス担任となった。

私が担当することになった学年は、それまで教えたことのまったくなかった学年であったが、有り難いことに、このあと卒業までの二年半、生徒諸君とは良好な関係を保てたように思う（これは、むろん生徒諸君と同僚諸氏の気配りのお蔭であった）。

この時の事故に関連して、いまでも心に残っている言葉がある。それは、事故学年の担任の一人で、のちに同僚として親しくなったH氏（知的で物静かな人であったが、惜しいことに先年病気で亡くなった）から直接聴いた話である。日航機事故では、学年主任もふくめ三名の教諭が亡くなったが、これは夏季休暇を利用して修学旅行の下見に行っての帰りのことであった。当然、H氏も同行するはずだったが、たまたま実兄が急病になり、同行を辞退したため難を逃れたとの話であった。私がH氏からこの話を聴かされたのは、専任教員となってほどない頃であったと記憶している。そして、この時、H氏の口から、「いまでも恐怖で体が震える」との言葉が発せられた。私にとって忘れられない言葉である。

さらに書き加えると、これを切っかけに始まった専任教諭としての生活は、その後、六年七ヵ月におよんだが、私は、この間、クラス担任をはずれることはなかった。ということは、もし私が事故前から、この学園の専任教諭であったなら、六分の一（六年に一度）の確立で自分が犠牲者の一人となったことを意味する。自分の性分を考えれば、修学旅行の下見を断わらないだろうからである。まさに、ロシアン・ルーレットのもと、否応なしに拳銃の引き金を引かざるをえないのに等しく、私は間一髪で死を免れたといえる。

三度目は、大学教員に転じた後の平成七年（一九九五）の一月に起こった阪神大震災に巻き込まれたことである。幸い、私の住んでいたマンションは築年数が新しかったこともあり、全壊や半壊は免れたが、それでも私自身は本箱の下敷きになり、その本箱も特注の頑丈なものだったが完全に砕け散った。そのため、家人からしつこく言われ、後日、自宅近くの個人病院に行き、救護活動で疲れはてた様子の医師に、ねぎらいの言葉をかけざるをえない経験もした。

なお、震災当日は、私の担当していた科目の試験実施日（しかも、私の担当科目は一限目に設定されていた）にあたり、地震の発生が二時間近くあとにずれていたら、丁度特急電車に乗っている時間帯であった。つまり、ほんのタッチの差で、これまた難を逃れたのである。

以上、私の身に図らずも起こった大きな出来事を記したが、これらのことは、いまとなっては、私の専門とする歴史学の研究に多大な関わりを有したと感じる。もちろん、これら三つの社会的な出来事は、いずれも大変痛ましく、かつ嘆かわしいものであったが、それだけに、私に人間や社会を見るうえで、実に様々なことを体得させてくれたように思う。

もっとも、自分（脳）では平気なつもりでいたが、体（心）はそれなりに傷ついた（ダメージを受けた）ことは間違いない。中高の教員時から十二指腸潰瘍と胃潰瘍に苦しめられるようになったからである。そして、ここ十数年は、老化も関係してか潰瘍性大腸炎という難病（特定疾患）に悩まされ続けた。しかも、私の場合、全腸型といって大腸全体に潰瘍が広がる一番厄介なものであった。ついで、到頭、症状の悪化で平成十八年（二〇〇六）の八月には、職場からの帰宅後、夜間に救急車で病院に搬送され、絶食しての治療をうける羽目におちいった。

さらに、平成二十五年（二〇一三）の四月には、医師から大腸の全摘を勧められるに至った。潰瘍性大腸炎という病気の厄介なところは、大腸の一部に癌が発生すると、大腸全体に転移するスピードが早く、たんなる大腸癌のように該当箇所を切除する処置で済まなくなることである（もっとも、逆にスピードが遅くなるとの説もあるようだが……）。私の場合、癌ではなかったものの、限りなくそれに近い状態（前癌段階）にまで達していたので、予防措置として、このような提示がなされたのである。その後、セカンド・オピニオンとして、新たに精密検査をおこなった病院では最初は悪い結果は出ず一度は安心した。だが、再度ファイバー・スコープ（内視鏡）を用いて徹底した検査をおこなった結果、やはり全摘することになった。

実は、私の祖父も母も伯父・叔父も、いずれも大腸癌を患った。つまり私は、大腸癌となるリスクが、家系的に相当高い人間だということだ。そういうことは、自分では解っていたつもりだったが、初回の医師の提案時は、突然の勧告（実際は宣告）だったので、かなりうろたえた。自身の死の問題を直視せざるをえなくなったためばかりではない。私にとって愛《いと》おしい存在との別れを、現実の問題として強く意識せざるをえなくなったからである。自分が年齢を重ねてくる中で、こうした問題を時に考えてきたつもりではあったが、やはり逃げていたのだろう。病の足音が聞こえだした時に、きちんと対応せずに、先送りしてきた分、ひどくこたえた。

しかし、二度目の勧告時は、自分の中でも覚悟（心の準備）ができていたためか、それほどのダメージは受けなかった。一言で言えば「仕方がない。現実を受け入れて、担当医師の外科医としての腕を信頼する以外にはない。それで駄目だったら天寿だ、諦めるしかない」という気持ちに自然となった。

そして、このように受けとめられるようになった前提には、これまでの人生を振り返って、ここまで、そこそこ良い人生を歩んでこれたことが真に有り難いことだと思えたと同時に、自分の長年のストレスをためやすい生き方や加齢がこうした結果を招いたのだと「納得」できたことがやはり大きかったように思う。人間だれしも、一度は真剣に苦しみ、そのうえで自分で「納得」することが最も大事だと考えざるをえない。

本書の「あとがき」でも再びふれることになるかと思うが、この「納得」するということが病気に向き合う際には、一番大切な要素ではないかと痛感した。いずれにせよ、難病患者で、しかも老齢期に入りつつある自分にとって、こうした手術も当然踏まねばならないステップかもしれないと素直に受けとめられた。すると気持ちがすっかり楽になり、手術当日の朝でも無理なく笑みがこぼれた。

ただ、こうした中、苦笑いに近いものを感じたのは、この自分にとっては辛い経験を専門の歴史学研究にどうすれば活かせるかと冷静に考えている、いま一人の自分がいたことである。もう、こうなると業が深いといわざるをえない。

## 二　本書の構成と内容

さて、前書きが思わず長くなったが、私事をあえて冒頭部分に記したのは、老病死の問題が案外身近であったことに改めて気付かされたからである。若い時分から死の翼に触れそうになっていたのに、気付くことなく、これまで生きてきた。

しかし、このことを感知（体感）してからは、歴史への向き合い方が、自分でも明らかに違うようになった。病と死の問題を視野に入れて見ていこうと、いっそう思うようになった。また、年齢を重ねる過程で、自然と若い時とは関心のあり方が異なってきた。たとえば、私は、十代末の頃、子母澤寛の『新選組始末記』に激しく心を揺さぶられた記憶がある。これは、おそらく、夭逝《ようせい》した新選組の隊士に、自分の若さを重ね合わせて、読みこんだためであろう。つまり、二十代前後で無念の死をとげた若者の姿に、哀切さと、なんらかの共感をおぼえたためかと思われる。

ところが、中年期に入って、何かのおりに同書を手に取って再読したら、驚くほど興醒めした。自分の年齢が高くなり、人生経験もその分、増える中、内容にひどく物足りないものを感じたためかと思われる。これは、いってみれば、老いの視点が加わったがゆえの評価の転換であった。

本書は、こうした気持ちを抱くようになった私が、限られた時代（江戸後期から明治期）を対象に、日本人の老病死の問題を取り上げようとするものである。もっとも、老病死の問題のみを取り上げるわけではない。いうまでもなく、老病死の問題は、それ自体が独立して個別に存在するわけではないからである。したがって、老病死の問題を視野に入れながら、人びとの生活のあり方全般を見ようとするものである。そして、むろん、そこには、人びとの生き方（時代の特色）が大きく反映されることになろう。

ところで、江戸後期から明治期を対象とするのは、私の専門領域であるばかりではない。現代人にとって比較的近い時代であり、なにかと参考になる点が多いと考えるからである。

すなわち、この時期を生きた人びとは、天下泰平の時代が長く続いた江戸期のあり方を受けて、病気で亡くなる人が圧倒的に多かった。そのため、現代の我々と比べれば、はるかに情報量が少ない中、病気にならないように養生に努めた。その際、重視されたのは、自分自身および周辺にいた人物の体験であり、各種の医学書であった。ところが、その後、開国か鎖国か、その選択の如何をめぐって、江戸期の社会が未曾有の動乱状況に突入すると、安閑とした気分ではおれなくなる。それは、当然のことながら、老いや生死、あるいは病気に対する考え方や向き合い方にも、影響をおよぼすことにもつながった。こうした当該期の人びとが遭遇した状況を振り返ることで、逆に我々がいま置かれている現代の特色を浮き彫りにしようというのが、本書のめざす所である。

本書は、第Ⅰ部と第Ⅱ部から成っている。第Ⅰ部では、幕末維新期の時代的特色および当該期を生きた著名な人物の老病死にまつわる話（エピソード）を取り上げることにする。対象としたのは、私が気の向くままにアトランダムに選んだ人物であるが、共通しているのは、支配者の側に立つ人物であるということである。すなわち、幕臣や諸藩士、あるいは天皇や将軍・公家といった人物である。これに対し、第Ⅱ部では、江戸後期から幕末期にかけて生きた著名ではない地域の人びとを対象とした。そして、その際、参考にしたのは地域指導者の日記である。北九州地域（小倉小笠原藩領）の大庄屋をそれぞれ勤めた中村平左衛門（一七九三～一八六七）と小森承之助（一八二五～一八七五）の日記である。なかでも、とくに参照したのは、中村平左衛門のそれである。

いずれにせよ、第Ⅱ部では、この中村らの日記を活用して、無名に近い地域指導者個人および彼らの家族、あるいは彼らの管轄下にあった地域住民の日常生活を詳しく見ていくことで、老病死の問題をも取り上げることにしたい。そして、本書の趣旨からいって、柱となるのは、この第Ⅱ部である。

なお、本書では史料の引用に際しては原則として、旧漢字を新漢字に、カタカナを平仮名に改め、適宜、濁点、句読点、送り仮名を付した。

# 目次

## 第Ⅱ部　地域指導者と民衆の老病死

# 第Ⅰ部　中央政局に登場する著名人の老病死

老病死を視野に入れない歴史学は不自然

振り返れば、私は、ここ数年、老病死の問題を視野に入れない歴史学の研究は不自然だと、おりにふれ書いたり喋ってきた。自分の性分もあって、声高（積極的）ではなく、どちらかといえば遠慮がちにだが、時に訴えてきた。こうしたことの前提にあったのは、これまでの歴史学があまりにも健常者中心（というか、有り体に書けば、健常者の視点のみに立っている）の視点で叙述されてきていることに対する、私の疑問や批判であった。

その具体的な成果が、平成二十三年（二〇一一）に刊行した『西郷隆盛と幕末維新の政局――体調不良問題から見た薩長同盟・征韓論政変』（ミネルヴァ書房。以下ミネルヴァ本とする）であった。本書の内容に関しては、のちに改めて簡単にふれるが、要は、「明治六年政変」時の西郷隆盛が極度の体調不良状態にあったことに着目し、そうなるに至った背景などを探った著作である。

この作品は、専門書であるため値段も高く、内容もけっして読みやすいものではなかったにもかかわらず、どういう訳か、初版は思いの外、早くさばけた。刊行後まもなく新聞の書評欄で大きく取り上げられたことが要因としては大きかったかと思う。

ついで、この後、他の主要新聞数紙や総合雑誌、あるいはテレビ等でも注目され、最近に至っている。

もっとも、私がこの大部の著作で力を注いだのは、幕末維新期の政局に対する分析であって、必ずしも西郷の体調不良問題にのみ関心を払ったわけではなかった。だが、ストレスと老化の進行が、西郷のような一見豪胆と見なされる人物の動向にも、どうやら大きな影響を与えたらしいとの問題の設定が、やはり今日的な関心を呼ぶテーマであったということだろう。すなわち、洋の東西、時代の前後を問わず、政局に立ち向かう政治リーダーにとって、ストレスや老化の進行がどのような影響をおよぼすのかといった問題は、普遍的な研究テーマとなりうるということである。

それはさておき、私には、たとえ豪放磊落と見える英雄であっても、想像を絶するような難局の中にあって、次から次に重要な選択（決定）を迫られ続けると、体調を崩す結果になっても、いっこうに不思議ではない（ましてや、そこに老化の進行が加われば）と考えるが、世間一般の見るところは必ずしもそうではないらしい。こうしたことが解って、私個人にとっては面白い経験となった。そして、老病死の問題を視野に入れて歴史の研究に取り組むことが、改めて現代では求められているように感じられた。

# 一　長年の研究と近年の研究の特色

出自史観

　ところで、しばしば人間の一生を総括するうえで、生老病死という四文字が使われる。この中では、従来、歴史学において一番分析されてきたのは、おそらく「生」の問題であろう。そして、これには、かつてマルクス主義史学において、出自の問題が重視されたことが大いに関係したと思われる。すなわち、歴史上に登場する人物や集団がいかなる階級の生まれであるかによって、その後の本人および集団の行動が決定されるとの問題意識である。

例外的な人間や集団

　私は、この視点はいまでも基本的には正しいと考えるが、人間の不可思議な所は、時に例外的な人間や集団を生みだすことである。その最たるものの一つが、幕末期にあって、三多摩の百姓身分の出身者が多くを占めた新選組の隊士が、見事なまでに屈強な戦闘集団に変身したことである。あるいは、個人のレベルでいえば、明治期から昭和期にかけて生きた小説家の有島武郎や太宰治が、地主階級の出身でありながら、農民階級に対して同情的な一面を併せ持ったことも、そうした例の幾つかに数えられよう。

　こうしたことはともかく、出自史観は例外的存在の出現をうまく説明できなかったが、「生」に関する研究は、まだしも相対的に多かったと評せる。これに比して、老病死の問題が取り上げられることは少なかったように思う。

従来の研究の特色

そうした中、多くなされてきたのが、主として医師による偉人・著名人の病名・死因を特定しようとする研究や疫病（伝染病）に関する研究である。とりわけ前者は、多くの人びとの関心をひくテーマであり、かつ出版社サイドからいって広範な層の読者の獲得が見込めるということで活発になされてきた。すなわち、権力者（各時代のキーパーソン）の症状や死因、あるいはその病気が歴史上におよぼした影響等について考察した著作や論文の数はかなり多い。これは、他方、読者の立場からいえば、好奇心が満たされること以外に、歴史上の人物と同じ病気に罹っていることで慰められたり、自分自身の健康管理についてのヒントが得られると思わされるからでもあろう。

歴史学界の新たな研究課題

ところが、ごく近年、こうした長年の研究状況に顕著な変化が生じ始めた。老いの問題が歴史学界の新たな研究課題として大きく浮上してきたのである。もちろん、老いの問題を扱った研究者はこれまでもいた。しかし、学界をあげての研究かといえば、そうではなかった。このような変化は、いうまでもなく、現代の日本社会が超高齢化社会に突入したことに関わっている。

人間や社会の動向に敏感な歴史学

歴史学というのは、意外に思われるかもしれないが、世間の動向にきわめて敏感な学問である。そしてこのことは、人間や社会を研究対象とする歴史学にとっては、ごく自然なことであろう。超高齢化社会が到来するに至った経緯と、その問題点については、この後すぐに記すが、歴史学界が老いの問題を真正面から取り上げだしたことは間違いない。

たとえば、このことは、日本史研究の専門誌の一つである『日本歴史』が、平成二十五年（二〇一三）一月発刊の新年特集号のテーマを「日本史のなかの長寿」としたことでも裏付けられる。そして、特集を組むに至った理由として、以下の点が挙げられた。ポイントとなる箇所を左に抄録する。

現在日本は、高齢化社会へ、移行の速度と高齢者の割合の高さとの点でおそらく歴史上初めての衝撃をもって、突入しようとしている。……こうした新しい情況に至って、先人たちがどのように「長寿」や「老い」を迎えたかを知ることは、私たちの思考を豊かにしてくれるのではないだろうか。……人びとは、齢を重ねることをどのように考えていたであろうか。また社会はどのように捉えたであろう。（西川誠執筆）

本書も、むろん、この問いかけの延長線上に位置する。ただ本書の類書と若干異なる点は、老いの問題だけでなく、病と死の問題をも併せ考察する所である。

## 二　超高齢化社会の到来と問題点

さて、ここで現代の日本が超高齢化社会となるに至った背景について簡単にふれておきたい。そして、私の考える問題点（限りなく雑感に近いが）をも記すことにしたい。

自分の病名を知る

江戸期から明治期へと時代が移行した際、社会のあり方が大きく変わったことは言うまでもない。老病死に関していえば、最も変わったのは、明治期以降の日本人の多数が、自分の病名を知って死ぬようになったことであろう。つまり、それまでは、たんに病死とされていたのが、多くの人が自分の病名を知って死ぬことになった。

これには、明治八年（一八七五）から同十七年（一八八四）にかけて、政府が諸通達によって死亡原因の特定および死亡診断書の提出を医師に義務づけたことが大きく関わった。すなわち、医師の出す死亡診断書がなければ、死者の埋葬や火葬が認められなくなった。その結果、日本国民は医師に診てもらわねばならなくなる（新村拓「近代の老いと看取り」）。

もっとも、当初は、こうした方針が徹底されるはずはなく、特定の病名が判明することは少なかった。大多数の人びとは、あい変わらず、たんに病死と告げられたのである。しかし、医療技術が発達するにつれて、徐々に病名が判るようになり、現代では、ほぼ全員の死因が特定できるまでに至っている。現に、このことは、新聞の著名人死亡欄に死因が明記されるケースが多いことを見ても判る。

平均寿命の飛躍的な伸び

ついで、その二は、平均寿命が飛躍的に伸びたことである。とくに第二次世界大戦後まもなくして始まった戦後の復興は、長期におよぶ政治的・経済的安定をもたらし、その下で国民の平均寿命は飛躍的に伸びつづけた。それまでは、日本人の平均寿命はけっして高いものではなかった。明治・大正期の平均寿命は四十代前半だったし、昭和期もその前半は四十代後半にとどまった。そのため、昭和十年代の新聞紙上では五十歳代は老人扱いをされたらしい（板垣邦子「農村老女性の境遇」）。

これは、貧困が多くの人びとを医療機関から遠ざけたこと、農作業の過酷なあり方や栄養不足・運動不足が人びとの老化を促がしたこと等によったと思われる。また、乳幼児の死亡率も高かった。したがって、このような状況下では、高齢者が全人口に占める割合も低い段階にとどまらざるをえず、それが平均寿命を押し下げたのである。

だが、第二次世界大戦後、平均寿命に関して大きな変化がおとずれる。それまで国民病として多くの人びとの命を奪ってきた結核などは、新薬の登場によって劇的に姿を消す方向にむかった。また高度経済成長期には、国民の栄養状態も良くなり、併せて衛生環境も大きく改善された。さらに医療（救急もふくむ）・看護技術等の進歩によって乳幼児の死亡率も下がり、かつそれまで死亡率が高かった病気（脳卒中など）も治せる病気となった。

その結果、日本人の平均寿命は男女とも飛躍的に伸びることになった。厚生労働省が発表した最新のデータでは、平成二十四年（二〇一二）の日本人の平均寿命は、男性は七十九・九四歳（世界第五位で過去最高を更新）、女性は八十六・四一歳（世界第一位）となっている。そして、同省によれば、日本人の平均寿命は、まだこれから延びる可能性があるという。

## 超高齢化社会の到来

なお、平成二十六年（二〇一四）の総務省の発表によると、前年十月一日現在で六十五歳以上の高齢者が総人口に占める割合が、初めて二十五パーセントを越えたという。つまり総人口の四人に一人以上が高齢者になったということだ。これは、むろん現在世界最高である。なんという超高齢化社会の到来であろうか。しかも、日本の場合、大きな特色として高齢化のスピードが非常に早いことが挙げられる。一般的には、高齢者の比率が七パーセントを超えると国連の定める「高齢化社会」に突入し、十四パーセントで「高齢社会」、同二十一パーセントで「超高齢化社会」と言われる。したがって、いまの日本は文句なしに「超高齢化社会」に突入したと見なせるが、問題なのは、そのスピードが異常に早いことにある。

日本が「高齢化社会」に入ったのは昭和四十五年（一九七〇）、ついで「高齢社会」に移行したのは平成六年（一九九四）であった。これに対し、先進国の一つであるフランスが同様の状況になるのには、最近の新聞記事によると一一五年かかったという。このことは、フランス社会が、ゆっくりと時間をかけて高齢化していったことを意味する。ところが、日本の場合は、その四分の一にも満たない短時日で高齢化が急速に進んだ。

## 課題と悩み

ここに、現代日本の抱える課題と悩みがある。つまり、あまりにも早いスピードで高齢化が進んだために、老いを支える制度や国民の意識変革がついていけないのが大問題となっている。前者の制度面に関しては、長寿者の急増にともなう医療サービスにかかる費用の増大や福祉施設の整備充実をどうするのかといった問題が、われわれ国民に突き付けられている。また、後者の国民の意識面に関しては、死の問題より老後の問題の方がより切実となり、どのように老後を生きるかという問題が、やはり突きつけられるようになった。その結果、近年、人生の終わりに備える「終活」なる言葉を眼にすることがやたらに多い。

当然、このことと大いに関係して、老病死の問題に対する関心も高くなる。私は、つい最近、本当に久し振りに大型書店に行って驚かされた。それは、老病死に関するコーナーが設置され、そこに夥しい数の書物や雑誌が並べられているのを目の当たりにしたからである。そして、このことで一般の人びとが、病気や家族等とどう向き合って老後を生きるかといったことをいかに真剣に模索しているかが理解しえた。私は、こういった問題に対する具体的な知識は持ち合わせていないので、これ以上は深入りしないが、世界中どの国も経験したことのない現実に直面して、官民ともに、ひどく戸惑っているのが日本の現状であろう。

かつては存在しなかった高齢化時代

話を元のラインに戻す。改めて記すまでもないことだが、日本の歴史において、このような高齢化時代はかつて存在しなかった。病気や死は、若いときから起こりうるものであった。また治せる病気は限られており、多くは自然治癒を期待する以外になかった。すなわち、いろいろな年齢や状況の下で、人は諦めの念をもって死んでいくのが普通であった。もっとも、難を逃れて老齢に達する人間は、江戸期も後半を迎える段階になると、それなりの数に達したといわれる。いうまでもなく、世界史的にみても例をみないような長期にわたる平和な社会を徳川政権が築くことに成功した結果であった。しかし、それでも老年まで生き残れる人間は、現代のように多くはなかった。

江戸後期から明治期にかけて生きた人びとの死亡時の年齢を見ていて改めて気付かされるのは、古稀を迎えることが相当難しかったことである。数えの七十歳に達することは、文字どおり、杜甫《とほ》の詩中に、「人生七十、古来まれなり」とあったように、稀《まれ》なことだったのである。それが今では「稀」と言えるのは、八十歳・九十歳はおろか、百歳でも言えなくなりつつある。

### 百歳以上が五万人を突破

これは、私も少々驚かされたデータであったが、厚生労働省の統計によると、百歳以上の高齢者の数は、昭和三十八年（一九六三）には全国で僅か一五三人であったのが、平成十年（一九九八）に一万人を突破し、つづいて平成二十四年（二〇一二）には、とうとう五万人を超えたという。もう、こうなると、現代社会は百歳をもってしても「古稀」と称することが出来なくなりつつある。真に驚くべき超高齢化社会の到来と言わねばならない。

### 江戸期の「中年」は三十代

ところが、江戸期はそうではなかった。このことは「初老」という言葉が端的に語っている。江戸期の史料を見ていると、「初めの老い」という言葉に出くわすことがある。これは、だいたい四十歳頃の人間を指すようである。というのは、日本全体を見渡すと、四十歳から四十二歳の人間を対象に、賀祝《がしゅく》（中国から伝来した、年寿を祝賀する行事）をしている地域が多いからである（柳谷慶子『江戸時代の老いと看取り』）。つまり、四十代に入るやいなや、「初老」を迎えたとして祝福するのが一般的であったということだ。また、やはり、「中年」という言葉が当時からあるが、四十歳に入った頃が「初老」だとすると、当然のことながら、「中年」は三十代の人間を指すことになる。いずれにせよ、現代の我々からすれば、著しく若い世代を中・高年と捉えていたことになる。

### 四十代は老人

ところで、江戸後期から明治初期にかけて生きた人物は、四十代に入ると自分でも老人だとごく当たり前に受け止め、また周りもそのように認識した。たとえば、長州出身で明治陸軍建設の功労者として知られる大村益次郎は、慶応四（明治元）年の時点で、自分のことを「老人」と口にしていた（『大村先生逸事談話』）。慶応四年といえば、文政七年（一八二四）生まれの大村にとって、いまだ四十代の前半だが、彼は自分のことを老人と称して、なんら疑わなかったのである。また、満年齢で四十代の後半に入ったばかりの西郷は、関係者から「西翁」「老西郷」「西郷老人」「芋爺」などと語られた（前掲拙著ミネルヴァ本）。

このように、長寿者が相当数見られだした江戸時代末期に至っても、四十代は真正「老人」だったのである。そのため、江戸前期の儒学者であった貝原益軒（一六三〇～一七一四）が書いた『養生訓』では、「四十以後は、腎《じん》気ようやく衰」えるとして、四十歳になれば、用がない時は眼を閉じ、冬場は温《ぬる》い炬燵に入って寒をふせぎ、眼鏡を用いて眼力を養うことが奨励されたのである。

なお、私は、ここまで書き列ねてきて、ふと気づかされたことがある。それは、現代のように、大多数が長生きし、平均寿命もいま先程挙げたように極端に高くなると、平均寿命まで生きられなかった（もしくは生きられそうもない）人間の、無念な思いは、かえって強くなるのではないかということである。いろんな年代での病気や死がありうる、つまり多様な病気や死のあり方が当然だとされた時代とは違って、今のように、

## 無念な思い

ほぼ全員が六十五歳まで生き残れる時代になると、自身や身内が若くして病気となり死を迎えざるをえない状況におかれた場合、人間の苦悩は、その分、かえって増すのではなかろうか。

私も、ごく身近な親族が、「せめて親父の年齢まで生きたかった」と、死の直前につぶやいたとの話を聴かされている（ちなみに、六十五歳までの生存率は、現代では男性で八六・九パーセント、女性で九三・六パーセントに達しているらしい。新村拓「近代の老いと看取り」）。

早く老人になりたい

また、超高齢化社会の到来に、いちゃもんをつけるようで、いささか気がひけるが、この際、自分の雑感をさらに書き足すことにしたい。その一は、少々意外に思われるかもしれないが、老いの問題はなにも中高年者に限った問題ではないのではということである。職業柄、若い学生諸君と日常的に接していて、時々彼らのごく一部が発する、次のような言葉を耳にすることがある。それは、早く老人になりたいという趣旨の発言である。これは、もちろん、周囲に素敵に年齢を重ねた魅力的な老人がいて、それに憧れての発言ではない。

こういう言葉を発する学生は、おそらく、子供の時から、なにかにつけて自信がもてず、そのうえ厳しい就職状況下、内定を得られず、弱気になっているのだろう。つまり、彼らは、老年にまで、なんとか無事にたどり着けるかどうか大いなる不安を抱いているからこそ、こうした弱音が時には吐かれるのだろう。

むろん、元気一杯で、挫折をほとんど経験したことのない中高年者は、このような発言に怒り心頭となることだろう。しかし、私には、ほんの僅かだが、彼らの発言を理解できるような心持ちがある。私どもの時代よりも、社会全体に余裕がなくなった現在、学生諸君が、これからの人生に大きな不安を抱くのも、あながち無理はないかなとも思う。そして、あえて忌憚のないことを記すと、彼らがはたして老年期まで無事たどり着けるかとの心配も正直なところ、ついしてしまう。

就職状況のみならず、いまの若い人たちは、PM2・5に代表される大気汚染に囲まれ、また毒気をふくむ食品添加物が身の周りにあふれている。すなわち、こうしたものや夜更かしなどの生活習慣によって、概日《がいじつ》リズムが壊されて（体内時計がおかしくなり）、病気になりやすくなっているかと思う。

事実、現代の社会には、得体の知れない難病に苦しめられている人びとが数多くいる（現に、私もその一人である）。そもそも、難病といわれる病気は昔からあったが、現代ではストレスの増加などもあって、新しいタイプの難病も数多く発生（発症）している。

早死が増えるかも

いずれにしても、いま現在、早死する人間は極端に少なくなったが、これから若い人びとを取りまく環境の悪化（心理的ストレスの増加や環境因子の変化）によって、早死が一転して増えるかもしれない。そうなると、私には、中高年者が抱えている「老いて、いかに生きるか」という問題とともに、こうした若年層の「老いるまでに、いかにたどり着けるか」という問題も、そう遠くない将来、大問題になるような気がしてならない。

もちろん、こうした事態の発生を私は望まないが、もうそうなれば、これから長生きしたがゆえに、孫の早世を見届けざるをえないといった老人にとっては真に哀しくて苦しい思いを余儀なくされるようなことも起こるかもしれない。もっとも、そこまで行かなくても、超高齢者となった祖父母の世代を孫世代が介護するということは、現にもう始まっている。

## 三　中央政局に登場する著名人の老病死

### ㈠江戸時代後期の特色

さて、現代の日本社会が抱える現状についての記述はこれぐらいに止め、次に我々にとって最も身近な前近代であった江戸期の社会について見ることにしよう。江戸時代は、大雑把にいって、今と比べ、人口は約三分の一から四分の一であった。また生活水準は、むろんずっと低かった。しかし、そこには現代人が参考にすべき点も多いかと思われる。

## 徳川家康のはたした役割

ところで、私の専門とする領域は幕末維新期だが、その時代全体の特色に入る前に、まず江戸時代後期の特色について、ざっと説明しておきたい。江戸幕府の開祖である徳川家康が果たした最大の歴史的役割は、やはりなんといっても、三百年近く対外戦争を引き起さないで済んだ、平和な体制の基礎を築くことに成功したことであろう。それまで、「天下は回り持ち」という考え方が支配的であった戦国期から一人抜け出し、慶長八年（一六〇三）に征夷大将軍に任じられた家康は、徳川の支配を磐石なものとするために画策した。

## 徳川永久政権への道筋をつける

彼は、将軍職をわずか二年で退き、息子の秀忠に同職を譲ると、駿府（静岡）に移り住み、いわゆる大御所政治を展開した。関東を主たる対象領域とする徳川譜代家臣団の統率者としての仕事は息子にまかせ、徳川を全国政権とする活動に従事するためであった。それが元和元年（一六一五）にあい次いで制定された「武家諸法度」「禁中並公家諸法度」につながったことは、広く知られている史実である。そして、いうまでもなく、前者は法（ルール）による大名の統制を、後者は天皇・公家の政治的発言を封じこめる意図を有した。また、秀忠への早い段階での将軍職の移譲は、将軍職は徳川氏に限ることの宣言でもあった。ここに徳川永久政権への道筋がつけられることになる。

他方、家康が取り組んだのは、戦国期に顕著にみられた弱肉強食的な社会のあり方の是正であった。戦国期には、個性的かつ上昇意欲の強い人物が輩出したが、それは社会を常に不安定なものとした。彼らの自己主張と勝手気儘な行動は、無秩序な社会をもたらしたからである。その結果、俗に「下剋上」といわれる主人と従者の上下関係の逆転や、子供による親殺しなどが横行した。つまり、人心が極度に荒れはてるに至った。

こうした状況を家康は憂い、社会や人心の安定をひたすら図ることになる。ついで、それは善良な民衆の育成を目指すものとなる。つまり、人びとに自己主張をして、他人とのトラブルを招くのではなく、他人と協調することを求めた。換言すれば、組織に従順である人びとが求められるようになった。

### 安定期に入った徳川の社会

家康の社会や人心の安定を図る狙いは、三代将軍の徳川家光の代までにほぼ達成されたと見てよかろう。まず朝廷に対する幕府の圧倒的な優位が、紫衣《しえ》事件（それまで朝廷に属していた僧侶の紫衣着用の権限まで幕府が取り上げた事件）以後確立する。また、外様大名をふくむ諸大名に対する幕府の圧倒的な優位も、改易（戦争によらないで大名の領地を幕府が没収）の強行等によって、これまた確立する。そして、第四代将軍徳川家綱の治世以降、安定期に入った徳川の支配体制は元禄期（一六九五年から一七一〇年までの十五年間）の高度経済成長時代を経て、それなりに豊かで穏やかな生活を人びとに保証し続けることになった。
すなわち、この間、新田開発や農業技術の進歩もあって、農業生産量が急激に増えた。そのため、戦国時代の終わりから始まった人口の増加に食糧増産が追いつかないといったこともなく、人びとは飢餓状態から解放された。また、新田開発などによって増加した全国諸藩の年貢米は大坂市場に流入し、京都や大坂を中心に経済活動が活発となった。

新武士道の誕生

では、戦争や食糧難といった大きなトラブルに、人びとが巻き込まれなくて済むようになると、どういう社会が招来されたか。まず支配者身分であった武士たちは、主君のために自らの命を投げ出すような生き方をしなくなる。そして、その代わりに、老人となるまで長く主君に奉公することに価値をおくようになる。つまり、健康維持を常に心がけ、長生きをして自分に与えられた職務をまっとうすることを「忠」の第一と考えようになる（氏家幹人『江戸藩邸物語』）。それは、いってみれば、「武士道とは死ぬことと見つけたり」という「葉隠」的な武士道とは、真逆な新武士道の誕生であった。

脚気患者の増加

と同時に、社会全体が豊かになるにつれて、彼らエリート層の間には、贅沢《ぜいたく》病であった「脚気」患者の姿が目立つようになってくる。脚気は、玄米や麦飯を常食としている限りならない病気であったが、支配者層が白米のみを食するようになったがゆえであった。

他方、被支配者であった一般大衆の間にも、豊かさの恩恵がもたらされることになった。このことは、貝原益軒が『養生訓』中に、「多（過）食」の害を指摘し、それを強く警《いまし》め、「小食」を勧めていることでも判る。そして、こうしたことを受けて、病気にならないための言い伝えが、日本各地にたくさん生まれることになる。それは、「腹八分目は医者いらず、腹十二分に医者たらず」「長寿の多くは下戸」といったものであった（篠田達明『偉人たちのカルテ』）。

## 長寿者の増加

ついで、十八世紀の日本社会全体を特徴づけるものとしては、長寿者の増加が顕著となったことが挙げられる。いうまでもなく、泰平の世が長く続き、食生活が大きく改善し、また医療環境も整備された結果であった。十八世紀になると、村々には医師があまねく存在するようになり、幼児期を無事乗り切ると、還暦を迎える者も多くなり、七・八十歳代の高齢者もけっして珍しい存在ではなくなってくる（大藤修「老いていかに生きるか」）。

もっとも、それでも十八世紀初頭段階では、いまだ六十歳は長生きの部類であった。やはり『養生訓』中に、「人の身は百年をもって期《ご》とす。上寿は百歳、中寿は八十、下寿は六十なり。六十以上は長生きなり。世上の人を見るに、下寿をたもつ人少なく、五十以下短命なる人多し」とあったように、六十歳は数少ない長寿者の部類に入った。

しかし、それでも「十八世紀前期から十九世紀前期にかけて、時期的な変動はあるものの、それまで五％前後で推移していた六〇歳以上人口が一五％を超えるような村や町が、全国に広く出現して」くる（柳谷前掲書）。

これには、社会が長期間にわたって安定するようになる中、多くの人びとが短命は不養生の結果であると認識して、身体と心の養生に努めるようになったことが大きく係わったといえよう。その結果、還暦（数え年の六十一歳）のみならず、古稀（七十歳）を迎え、さらに喜寿（七十七歳の祝い）や米寿（八十八歳の祝い）の祝福をしてもらえる人びとも次第に多くなってくる。そして、数はいたって少なかったものの、百歳を超える長寿者すら、稀有ではあるが登場してくる。

なお、十八世紀段階の日本では、もちろん、現代のように、病人を施設に収容し他人が世話をするということはなかった。病人は、在宅で主に身内による看病を受けた。ただ、こうした中、江戸時代の後期に入ると、知識人や医療関係者の間に、従来の「看病」ではなく、「看護」という言葉を使い始める者も出てくる。たとえば、江戸の町医者であった平野重誠（一七九〇～一八六七）によって著わされた『病家須知』全八巻（一八三二～四年発行）などを見ると、他者を救うための専門的な技術（看護法）が具体的に記されている。そして、こうした書物が広く受け容れられていく過程で、長寿者の数もいっそう増加していくことになった。

近代化の進行と飢饉の発生

むろん、江戸後期の社会は、時に大飢饉という形で強烈なパンチをまともに食《く》らうこともあった。しかし、これは、江戸期の社会が停滞的で貧しかったがゆえではなく、むしろ近代化の途上にあったがための災厄であったと考えられる。すなわち、耕地面積の拡大や農業技術の進歩によって、余剰農作物を産み出せるようになると、多くの人びとは農業以外の職業に従事する（できる）ようになった。そのため、天候不順が長く続くと、逆にそれが仇《あだ》となって、人びとを食糧難というかたちで苦しめることになったのである。

もっとも、このような近代化に向かおうとしている段階の社会では、健康で長生きするために養生に努めはするものの、いまだ、これ以外のことには人びとは取り組まなかったと思われる。つまり、飢饉の発生も抗《あらが》いがたい運命と諦め、命がつきる時が来たら納得して受け入れたと想像される。事実、そうする以外に選択の余地がなかった時代でもあったと言えよう。

## ㈡幕末維新期の特色

### ㋐孝明天皇の苦悩

ペリー来航

こうした、長期にわたる平和で安定した社会状況が一気に覆《くつがえ》ることになるのが幕末期であった。周知のように、嘉永六年（一八五三）の六月、アメリカ東インド艦隊司令長官のペリー一行が浦賀沖に来航し、巨大な軍事力を背景に、有無を言わせず強引に開国を求めると、文字どおり日本社会を混乱の渦にまきこむことになる。

ペリー来航の背後にあったのは、欧米諸国の産業発展であった。すなわち各国は、産業革命後に目立つようになった国内産業の発展により、商品の輸出先や原料の輸入先を競ってアジア地域に求めた。その最終的な到達点が日本であったのである。また、日本近海は、彼らが、夜間、工場を燈すために必要とした鯨油を獲得するための場（漁場）であった。当然、捕鯨船の燃料となる石炭や捕鯨船員の食料や水が日本側に対して求められることになる。そういう意味では、ペリー一行に代表される欧米各国の開国要求は、世界史の流れの中で避けられない必然的なものであった。

ところが、徳川政権が、時の天皇であった孝明天皇の承認をえて、挙国一致して鎖国体制から開国体制への転換を図ろうとして失敗してから、日本社会はおかしくなる。それまでの日本は、幕府と朝廷との政治的な一体関係が強固に築かれており、全国の諸藩は、その下で互いに秩序ある関係を保っていた。そうしたあり方が一気にくずれはじめ、日本国は狂騒状態におちいった。

## 煩悶した天皇

随分長い間、幕末史においては、孝明天皇は世界の大勢を知らない無知で固陋《ころう》な君主であったために、幕府の開国要求を拒絶したと受け取られてきた。しかし、実際はそうではなかった。この天皇は、現代との比較から言えば、もちろん豊かではなかったものの、鎖国体制下、それなりに幸せに暮らしていた庶民の生活を、自分がたとえ形のうえだけにせよ開国体制への転換を認めることで、大きく変えてもいいものかと真剣に悩み、その結果、幕府の要求をただちに認めなかったのである。つまり、拒絶したのではなかった。悩みに悩み、煩悶したにもかかわらず、決断を下せなかった結果、結論を先送りとしたのである。

酒好きの天皇

孝明天皇に関しては、このあと再び取り上げるが、外圧（日本の開国を求める外国の圧力）が日本におよばなければ、酒（もちろん日本酒）好きの、ごく穏やかな天皇として、その一生を京都の地（しかも京都御所内というごく限られた域内）で終えることになったであろう。しかし、時代がそれを許さず、この天皇は、いちやく時の人として政局の中心に浮上したのである。そして彼は、開国を好まなかったものの、欧米諸国の開国要求を拒めば、それら諸国と戦争になり、その結果、罪のない庶民が戦争にまきこまれかねないことをも他方では心配した。それが、いま先程記した孝明天皇の結論先送りにもつながった（この点に関しては、拙著『幕末の朝廷』を参照されたい）。

尊王攘夷運動

だが、この孝明天皇の逡巡が、天皇が開国を拒否し、攘夷（外国人を日本から追い払う）を強く望んでいると拡大解釈され、広範な層の追随者を生み出すことになった。ここに、天皇の攘夷意思をあくまで尊重しようとする政治勢力が、尊王攘夷運動といわれた活動を担うことになる。そして、この運動は、当初、「草莽《そうもう》」や「浪人輩」と呼ばれた有志が引っ張っていった。すなわち、幕府や藩から相対的に独立した自由な立場にあった「根なし草」のような存在の者たちであった。彼らは、幕臣や藩士と比べて失うものが少なかったこともあって、おのれの身をかえりみず、ひたすら攘夷の実現にむけて活動を開始する。

## 「小国」意識

ところで、ここで最初に押さえておかねばならないのは、政治運動が激化する前提に日本が「小国」であるとの認識があったことである。つまり、当時の日本人は、押し並べて、日本が小さな国であり、必ずしも強国ではないとの思いを抱いていた。これは、むろん大国である中国などとの対比においてであった。そして、その大国である中国を、イギリスが、いとも簡単にアヘン戦争で破ったといった情報は、わが国にただちに伝えられていた。また同じく大国であったインドが、イギリスの支配下に組みこまれた事実は、少なからざる数の人びとの共通知であった。そして、こうした情報を通じて、欧米諸国人は、自分たちの利益を獲得することをなによりも優先し、そのためには侵略を厭わない（つまり相手の立場をわきまえない）悪魔のような存在だとの認識が広く定着する。ついで、小国である日本がいとも簡単に欧米各国の植民地になるのではないかとの恐れを当時の日本人に与え、それが尊王攘夷運動の台頭にもつながったのである。

もっとも、少々興味深いのは、欧米諸国の侵略の魔の手から小国である日本が逃れ

江戸期の日本が抱えた矛盾

るためには、軍事力ではなく、徳（信）義でもって欧米諸国とわたりあえという主張が登場することである。むろん、人多数の意見は、欧米諸国と対峙するためには、軍事力の強化と国内人心の一致が必要だというものであった。しかし、ごく少数ながら、このような軍事力に頼らず、国家の品格でもって対処すべきだとの主張が見られだす。ついで、このような認識が、欧米諸国との条約の締結と、その後の条約順守の主張につながる。すなわち、条約を結び、それを守ることで、小国・弱国といえども、自国の安全を守ることが出来るのだとの主張であった。

ここに条約の締結はやむをえないとする政治勢力とこれを断固拒絶する攘夷派勢力の対立抗争が激化するが、こうした中、自分たちが幕府や藩を超えたもの（当時の言葉でいえば、「日本」「皇国」「神州」）に属しているとの考え方が急速に優勢になっていく。そして、つづいて、天皇の下に強固な統一国家を形成し、欧米諸国による侵略を未然に防ぐべきだとする主張がより強くなってくる。

では、何故このような主張が有力となったか。これには、江戸期の幕藩制国家が抱えた矛盾が大きく関わった。この点を理解するうえでまず押さえておかねばならないのは、対外的危機は個別領主が単独で対応できる問題ではなかったことである。つまり、外国船と乗組員は、日本のどこに出没し上陸するか判らなかった。そして、このことが、江戸幕府による旧来の支配体制をゆるがす根幹的な要因となる。すなわち、江戸時代にあっては、全国にまたがる政治（国政）は、石高の低い譜代大名が閣老（老中）として担当していた。これは、いうまでもなく、実力を有する外様大名や徳川家の一族（御三家や家門大名）が国政の場から排除されたことを意味した。当然、彼らに強い不満を持たせることになった。ところが、対外的危機は全封建領主が一致団結して当たらねばならなかった。こうしたところに、そもそも江戸時代の日本が抱えた根本的な矛盾があったのである。

国や主義のために死ぬ者が出現

だが、対外的危機が深刻なものとなる前は、こうした矛盾は大きな問題とはならなかった。世の中が安泰であった以上、なにも現状を変える必要はなく、これまでの体制を維持することがむしろ望まれた。しかし、対外的危機の進行は、従来のあり方はおかしいという声を生み出していった。そして、譜代大名のみでなく、より多くの大名（なかでも実力を有する大名）を政権に参加させるべきだとして運動を開始し、そのためには一命を犠牲とすることを厭わない人物も出てくる。

当時の史料（「柴山景綱事歴」『鹿児島県史料　忠義公史料』一。以下『忠義』とする）に、「虎は死して皮を残し、人は死して名を残すとは、日夜武士の嗜《たしな》む処なり」という言葉がある。まさに、国や主義のために（つまり個人的利益のためではなく、国家の利益や尊王攘夷という主義のために）死ぬことを「嗜む」、つまり心がける者が出現したのである。

この点に関連して、印象的なエピソードが残されている。それは、ペリー来航のあった嘉永六年、江戸で水戸藩の藤田東湖（一八〇六～一八五五）に会い、すっかり魅せられた薩摩藩の海江田《かいえだ》信義《のぶよし》（一八三二～一九〇六。当時は有村俊斎と名乗っていた）が、以後、しばしば東湖を訪問した際の会話である。この頃、気持ちがすこぶる高ぶっていた海江田は、よく自身の「死」を口にしたらしい。それを東湖に次のように、やんわりと咎められたのである（『維新前後　実歴史伝』巻之一）。

子（＝海江田）は一見（初めて会って）以来、余（＝東湖）に語るに、しばしば死を謂う。惟《おも》うに士の今日に処するや、もとより死生を顧慮すべからず。然れども、その所を得ずんば、死すとも遂に益なきのみ。それ死は誠に決しやすし。而してその所を得るは、古より士の、はなはだ難んずる所。余もまた決死数回におよびしも、年すでに知命（＝五十歳）になんなんとして、なおいまだ死せず。子もまた老年におよぶまで、あるいは生存することあらん。是をもって、またみだりに死を語るなかれ。

藤田東湖は、主君である徳川斉昭のために奔走し、実際、死の危険に幾度も遭遇した。そうした人物であっただけに、ペリー来航後、血気にはやる若者たちを、やんわりと戒めざるをえなかったのであろう。それはさておき、国のため、おのれの信ずるもののために死ぬことを厭わない者は、武士階級以外にも出てくる。神官や僧侶はいうにおよばず、豪農層がその主たる担い手となった。彼らの中の一部(その多くは、平田派の国学の勉学を通じて、危機意識を強めるようになっていた者たちであった)が、全日本的(ナショナル)な視野を獲得し、ついで政局の動向に関心を示し、やがて実践運動に身を投じることになる。

㋑身近なものとなった死

さて、以下、この幕末維新期と老病死の問題との関連性を、思いつくままに挙げてみたい。そのまず第一に挙げられるのは、やはりなんといっても、死の問題が身近となることであろう。それまでの江戸期においては、死は老年期に向かって自然なステップを踏んで歩む過程で訪れてくるものであった。むろん、死神という名の訪問者が来宅する時期は人によって異なった。早い段階での来宅もあれば、遅い段階での来宅もあった。

テロや突然死の登場

しかし、攘夷運動が爆発的な拡がりを見せた後、やがて過激な様相を呈するようになると、そうもいかなくなる。テロが横行し、政治的理由による突然死という、江戸期の社会ではまずなかった死に方が新たに登場してくる。つまり、あらかじめ死を迎えるであろう時期を想定して、その準備を事前におこなうといった江戸期的な対応がとりえなくなる。

井伊直弼の暗殺

幕末期に始まったテロの歴史をたどるうえで、やはりなんといっても重要だったのは、万延元年（一八六〇）三月三日に決行された、水戸脱藩士らによる大老井伊直弼の暗殺であった。いうまでもなく、老中（しかも大老）ですら白昼公然と殺される（暗殺）されるような状況は、江戸期にあっては、とうてい考えられなかった。そして、これ以降、幕府権威の失墜は誰の眼にも明らかになり、政治権力の組み替えを視野に入れた、おおっぴらな政治運動が始まることになる。

なお、この井伊直弼の襲撃時にも、やはり印象的な話が残されている。広く知られているように、当日は大雪であった。そのため、井伊直弼の護衛にあたっていた彦根藩士は刀を柄袋《つかぶくろ》に収めていたらしい。そこを襲われたのだから、動転したのであろう。少なからざる人数が、その場を一時的にせよ遠ざかったとの情報が残されている。事件後、情報の収集にあたった薩摩側に残された史料（「藩士某当時ノ形勢或ハ巷説報告」『忠義』一）には、次のようにあった。「（襲撃時）供方《ともがた》の者は多くは逃げ去り、わずかに五・六人戦い候者これあり候由」。

京都が政治の中心地となる

桜田門外の変後、本格的なテロの嵐が吹き荒れることになったのは、江戸に代わって政局の中心地に浮上してきた京都においてであった。井伊の暗殺後、極度に悪化した朝廷と幕府の関係を修復するために、文久年間（一八六一〜三）に入ると、長州・薩摩の両藩があい次いで中央政局に介入してくる。すなわち、文久二年（一八六二）に、長州藩は藩士の長井雅楽《うた》を上洛させ、「航海遠略策」と後年名づけられた一種の開国論を朝廷サイドに提示し、つづいて幕府側にもその考えを伝え、両者の間を取り持とうとした。翌文久三年、今度は薩摩藩が、藩主島津忠義の実父で藩の最高実力者であった島津久光を上洛させ、やはり朝廷と幕府両者の協力体制の樹立を目指した。ついで、このあと、朝廷側の同意を得てなされた幕府への改革要求（松平慶永の大老職への就任および一橋慶喜の将軍後見職への就任などを求めたもの）は、もとをたどれば、故島津斉《なり》彬《あきら》の「御遺志」を受け継いだものであった（「有馬正義建言第二」『忠義』一）。

いずれにせよ、こうしたことを受けて京都が政局の中心となった（日本の政治の中心が京都に移った）が、この京都で凄まじいテロ行為が始まることになる。その嚆矢《こうし》となったのが、文久二年の七月下旬、前関白九条尚忠《ひさただ》家の家士であった島田左近が攘夷派によって殺害され、四条河原に梟首《きょうしゅ》された事件であった。そして、これ以降、同年の九月下旬にかけて、本間精一郎（勤王志士）、宇郷重国《うごうしげくに》（九条家諸大夫）、文吉（目明し）、渡辺金三郎（京都町奉行所与力）といった人物が、天誅《てんちゅう》と称するテロ行為にあって殺される。ついで、その対象は公家にもおよぶことになった。すなわち、翌文久三年（一八六三）の五月二十日に、過激な攘夷論者として頭角をあらわした姉小路公知（一八四〇～一八六三）が暗殺される。そして、公家ですら殺害の対象となったことの衝撃度は凄まじかった。同じく攘夷派のリーダーと目された三条実美《さねとみ》ら「攘夷説の公卿方、姉小路様一件に恐怖し、退身」するとの「巷説」がささやかれるに至る（文久三年六月十九日付「南部弥八郎ノ報告書」〈『鹿児島県史料　玉里島津家史料』二〉。以下『玉里』とする）。それはともかく、この時始まった「テロルの季節」は、昭和期まで延々と続くことになる。

### 血の記憶の継承

なお、幕末期に発生したテロに関して、あえて、ここで記しておきたいのは、血の記憶や体験の連鎖・継承とでもいうべきものが生じたことである。人を殺傷するという生々しい体験を有した人物に往々にして生じるのは、次なる殺傷事件へと駆りたてる衝動である。たとえば、文久二年の八月二十一日に発生した生麦事件で、イギリス人四名を殺傷するうえで、実行犯の一人となった奈良原喜左衛門（一八三一～六五）の行動は、明らかに直前（同年四月二十三日）に発生した寺田屋事件の影響を受けている。

すなわち、彼の弟であった奈良原喜八郎（のちの繁。一八三四～一九一八）は、島津久光の命を受けて、伏見の寺田屋において挙兵を決意した（関白邸および京都所司代邸への襲撃を計画）同藩の有馬新七らを斬殺した。そして、この時の体験（彼自身、肩に創《きず》をうけて「流血淋漓《りんり》」という有様になった）が、まもなく兄喜左衛門のイギリス人リチャードソンに最初に斬りつける行為につながったことは間違いない（「柴山景綱事暦」『忠義』

一）。つまり生麦事件の発生は、寺田屋事件時に弟の喜八郎の心身に生じたであろう興奮が、彼をして、さらなる殺傷へと導いた結果でもあった。

京都が政局の中心地となったことで起こった特色を、いま一つ挙げておきたい。それは、幕府のみならず、諸藩が、競って有能な人材を京都に送り込むようになったことである。たとえば、このことは、文久元年四月十九日付で久坂玄瑞《くさかげんずい》が桂小五郎（のちの木戸孝允）に送った書簡（『木戸孝允関係文書』三）中に、次のように記されたことでも明らかである。「京御留守居と申せば、御隠居役のように成り来り候えども、実に人才を撰ばずでは、あい成らざるところと存じ候」。

公卿への接近の動き

ついで、諸藩や浪士らは、自分たちの意見（要求）を国政に反映させるために、つてを頼って宮や公卿への接近を試みるようになる。もっとも、彼らが相手とするようになったのは、彼らからすれば、「無頼の長袖黒歯輩」（文久三年二月二十八日付大久保利通宛本田親雄書簡『大久保利通関係文書』五）、「婦女子に等しき人びと」（文久三年八月十三日「大和行幸布告」『忠義』二）であった。要するに、彼ら武家にとっては、信頼のおけないお歯黒をつけたナヨナヨした決断力のない人物たちであった。

癒着や腐敗が生まれる

しかし、彼らを抜きにしては、自分たちの意見（要求）を国政に反映しえないという厳しい現実があった以上、宮や公卿の抱き込みが図られることになる。すると、当然のことながら、そこには癒着や腐敗が生まれることになる。そして、その際、関係者の体調不良問題が大きく関わることもあった。ほんの一例だけ挙げる。

黄金の鍋を要求した中川宮

幕末期の朝廷内にあって、孝明天皇の深い信頼を得て、新しいタイプの実力者として台頭した人物に中川宮（当時は青蓮院宮。のちの朝彦親王）がいる。この中川宮は、孝明天皇が最も信用した人物であった分、彼への接近の動きが強まることになる。いうまでもなく、孝明天皇に自分たちの考え（要求）を伝えるためには、不可欠の人物だったからである。

そうした試みを最初におこなった藩の一つが薩摩藩であった。同藩は、中川宮が体調不良だと聞きおよぶと、すぐに薬や栄養物を差し出した。たとえば、文久二年の時点で中川宮が体調不良におちいった際は、季節はずれの食べ物であったにもかかわらず、宮付の医師の依頼を受けて、薩摩藩は、「鱰の煎汁《にじる》」を作って、宮に「差し上げ」ようとした（十一月五日付中山中左衛門・大久保利通宛藤井良節書簡『玉里』一）。そして、こうした行為が賄賂まがいの行為につながるのに、時間をそう要しなかった。

やはり文久二年の末段階になると、体調不良に苦しめられた中川宮は、薬を煎じるために「黄金」で作られた「御薬鍋」が「入用」だということを薩摩側に伝え、同宮との関係を強化したいと考えていた同藩は、この要求をただちに受け入れ、持ち合わせの金《きん》でもって鍋を製造して差し上げている（文久二年十二月九日付中山中左衛門・大久保利通宛小松帯刀書簡『玉里』一）。

㋒自然死を想定しえなくなる社会状況の到来

詰め腹を切らされる者が続出

またまた停車時間が長くなってしまった。すぐに電車を出発させることにしよう。京都が政治の中心となり、同地で中小をふくむ諸藩の政治活動が活発に展開されるようになると、京都には、先程も一寸記したように、各藩が有能な人材を送り込むことになる。そして各藩は、朝廷と幕府双方の間にあって、政治ゲームでの生き残りをかけて、互いに熾烈なかけひきを展開し、その過程で不利な状況が到来すると、責任を一部の藩士になすりつけて苦境を脱しようとすることも起こってくる。また、出先の京都と国元が遠く離れている場合は、緊急を要する事態が発生すると、京都藩邸にいる者が独断せざるをえないことも起こった。すると、当然のことながら、のちに国元から責任を問われかねないことも生じた。すなわち、いろいろな理由で、政治的責任をとって詰め腹を切らされる者が続出することになる。

柴司の死

その最も解りやすい具体的な事例として、私がすぐに思い浮かべるのは、会津藩士であった柴司《しばつかさ》の死である。柴は、新選組による攘夷派の殺傷事件として名高い池田屋事件が発生したあと、藩から新選組への加勢を命じられた。そこで残党狩りに参加し、その過程で東山清水にあった明保野亭《あけぼのてい》に長州藩士が潜伏しているとの情報を得て同所に向かう。ついで、同所で誤まって土佐藩士を傷つけることになる。そして結果的に、土佐藩と会津藩の対立を回避するために責《せめ》を負って自刃した（宮地正人『歴史のなかの新選組』)。この柴の件は、事件発生（元治元年〔一八六四〕六月十日）からすぐのことであり、まさしく幕末期的状況がもたらした死に他ならなかった。人は、政治的理由によって、あっけなく死ぬこともあるようになったのである。

藩内訌争による犠牲者

もっとも、幕末最終段階に至っても、諸藩の多くは藩としての明確な方針を打ち出せず（あるいは、あえて打ち出そうとはせず）、傍観者的な立場にとどまった。これは、諸藩にとって、自分の領国の安泰を図ることがなによりも優先されたためであった。そして、そのためには中央政局で生じた対立抗争に極力まきこまれないことが望まれた。しかし、こうした藩にあっても、血気さかんな主張をおこなう政治集団は存在し、藩内訌争による犠牲者が出た。

そうした中で、特異な位置を占めたのは水戸藩であった。同藩は徳川斉昭が第九代藩主となって以来、えんえんと続いた内部訌争によって多大な犠牲者を出した。すなわち、斉昭を擁する改革派と、斉昭の長子で彼のあとを継いで第十代藩主となった慶《よし》篤《あつ》（一八三一〜六八）を担ぐ守旧派との対立訌争が、朝廷（攘夷）派と佐幕派の対立に形を変えて、幕末最終段階まで猛烈に展開された。その結果、自滅することになる。

予期しえるようになった死

こうした事例は特殊だとしても、幕末期にあっては、けっして少ないとはいえない数の人びとにとって、死は突然やってくる、もしくは予期（想定）しえるものとなったのである。これは、いうまでもなく、彼らにとって、人間は老いて死ぬか病気によって死ぬという前提が崩れたことを意味した。これまでのように、自然死にのみ向き合い、老いや病気を待って死ぬことが当然だとされなくなったのである。

むろん、武士階級とは数的には比較にならないが、神官や豪農たちの中にも政治運動で死亡する者がでてくる。そうした人物の名前を挙げれば切りがないが、たとえば、武士階級以外では禁門の変で戦死した久留米の神官真木和泉（一八一三〜一八六四）などが、それに該当した。また、これまではとうてい考えられなかった、ごく平凡な農民たちも死の危険にさらされることになった。兵器や食糧の運搬に駆り出されたり、時に農兵として戦場におもむく事態が出現したからである。

## 死生観の転換

大往生（老衰死）が許されず、若くしての政治的・軍事的要因による死もありうるという状況の到来は、広範な層の人びとに死生観の転換を求めることにつながった。平和な時代であれば、別に死生観をことさら持たなくても済んだのが、そうもいかなくなったのである。若すぎる（早すぎる）死を自分自身でどう納得するか、あるいは周りの人間が、それをどのように受け入れるかは、切実な問題となった。つまり、自分の生き様・死に様の意味づけをおこなうことをやむなく迫られた。それがまた、皇（神）国の自主独立のために自分は死ぬのだとの犠牲者精神の強調などにつながった。何度も強調するが、従来のノンビリとした平穏な日々の中では、そうしたことは考えなくて済んだが、そうはいかなくなったのである。幕末期に後期水戸学や国学が広範な層の人びとの心を捉えたのは、この点と大いに関わりがあった。

コレラの流行

また、幕末期には、老死を待ってくれない要因がほかにも出現した。外国から入ってきたコレラの大流行であった。もちろん、これ以前から、多くの人びとを死に至らしめる流行病は発生した。痘瘡（大然痘）・麻疹（はしか）・インフルエンザなどがここれに該当する。しかし、コレラの場合は、その死亡率の極端な高さと、死の性急さが違った。当時、コレラはコロリと俗称されたが、これは、文字どおり、十人中七・八人が、重患者の場合は半日で、ころりとあの世へ旅立つ光景を目の当たりにしての、人びとの実感にもとづいて名づけられた言葉であった。

このような突然の死（それは周りのごく親しい人間にサヨナラを言わせるだけの時間的余裕を与えないものであった）を多くの人びとに強いるということは、近世前・中期の日本人の生活にはなかったものであった。いずれにしても、このコレラの大流行によって老若男女を問わず、多くの人びとが天寿を全うしえなくなる。

㊁ストレス社会の到来

先例のない事態に直面

ところで、ここで、幕末期、激動の時代に突入したことで、多くの人びとの間で生じたストレスの問題を取り上げることにしたい。幕末期の大きな時代的特色の一つは、それまでの、経験（知）では対処しえない新たな事態が出来《しゅったい》したことであった。すなわち、幕末期は、非常な短時日の間に、次から次へと目まぐるしいほど先例のない事態が持ち上がった。そして、これに対しては旧来の官僚化した組織では十分に対応しきれなくなる。つまり、長年の経験が通用せず、また瞬時の判断や決断が求められることが多くなる。

これは換言すれば、為政者階級であった武士にとって、それまでの前例を熟知することで重宝がられた時代（優柔不断でも、なんとか組織の一員として対応できた）とは違って、個人の卓越した能力が求められるようになったことを意味した。では、豊かな実務経験をもち、事務処理能力に秀でた官僚では対応できない事態が出現すると、どうなったか。精神的にタフで、臨機応変かつオリジナリティにあふれた人材が、広く求められるようになったのである。その結果、個性的な人物が躍動することになる。そして、ここに幕末維新期の魅力の一つがあることは言うまでもない。ついで、それにつれて、上層（級）家臣に対する下層（級）家臣の発言力も増大していくことになる。いま挙げたような人材は、幕府や諸藩、それに朝廷を問わず、下層（級）に属する者に多かったからである。

しかし、反面、こうして登場してきた人物には、万病の元であるストレスに見舞われ、体調不良に苦しめられる可能（危険）性が多分に出てくる。そして、無理を重ねる中、体調もより悪化することにもなる。さらに、その人物が高齢であれば、なおさら体調の悪化につながった。ついで、そうしたことが、彼らが担当する政治の動向にも影響をおよぼすことにもなる。

また、一般大衆も、政治を直接担当した為政者とは較べものにはならなかったものの、物価の高騰やコレラに代表される流行病の発生などによる生活困窮や死の恐怖に苦しめられることになった。やはり、彼らも、前代のように気楽な生活を送れないことからくるストレスに見舞われたことでは、なんら変わりがない。これが、幕末維新期に生じた特色の一つであったのである。

### 拒食症

なお、強いストレスを受けるようになったのは、上は将軍・藩主クラスから下は下層の幕臣や藩士クラスまで、広い範囲におよんだ。たとえば、一橋慶喜の弟（徳川斉昭の九男）で備前岡山藩に養子として入り、つづいて藩主となった池田茂政《もちまさ》なる人物がいる。彼などは、遅くとも慶応元年（一八六五）十月五日以前の時点で、「不食病」つまり拒食症に罹っている（慶応元年十月五日付桂小五郎宛北垣国道書簡『木戸孝允関係文書』三）。

これは、おそらく、攘夷の決行問題（同藩は、幕末期にあって最も熱心な攘夷主張藩であった。そして、そのため攘夷を実行した長州藩を支持する立場にあった）やその延長線上に位置した条約勅許問題等をめぐる軋轢《あつれき》の中で、藩主として苦しんだ結果だと思われる。つまり、こうした問題をめぐって、幕府と長州藩との間で板挟みとなったり、あるいは藩内の対立（いうまでもなく、藩内も一枚岩ではなく、様々な意見があった）によって、苦悶を強いられた結果だと想像される。

また、支配者階級の中には、明らかに政治活動の影響で鬱病に悩まされることになる人物も出てくる。たとえば、老中職を勤めた小笠原長行《ながみち》などが、その一人であった。彼は、第二次長州戦争時、九州方面の征長軍の指揮にあたり、長州藩と闘ったが、あえなく敗れ、そのあと慶応二年（一八六六）十月に免職・謹慎となった。だが、幕府内に信頼できる同志を持ちえなかった徳川慶喜のたっての願いで、翌十一月、老中に復職する。この時、小笠原は、十一月二十四日付で幕府に呈した書面（「黒川秀波筆記」『大日本維新史料稿本』二八〇七）で、この要請を断わった。

その最たる理由は、「昨今、鬱病の持病あい発し、たびたび引き込（籠）もりがちにて」というものであった。当時、病気を理由とする辞退はごく当り前のことであったが、鬱病とハッキリ病名を記している以上、これは事実であったと思われる。小笠原は、幕府内にあって数少ない熱血漢のリーダー（自分の力で幕府をなんとか立て直そうと努めた）であったが、その分、孤立して精神的に追いつめられ、鬱症状に苦しむことになったのである（なお、徳川家の公式記録として編まれた『徳川実紀』を繙《ひもと》くと、三代将軍の徳川家光なども、相当ひどい鬱病に悩まされたようである。とくに、その治世末期は心身ともに衰弱し、ほんのちょっとしたことでも癇癪を起こしたと言われている）。

いささか、しつこくなるが、このストレスとの関係で軽視できない病気に性病がある。つまり、梅毒や淋病といった性病に罹る者が幕末期には多くなる（少なくとも、私の眼にはそう映る）。これは、むろん、性欲の問題と不可分の関係にあったが、幕末期、政治活動にともなう強いストレス（その中には、死の恐怖も当然ながら含まれた）を発散するために、遊蕩《ゆうとう》の巷《ちまた》にでかけ、酒色に耽《ふけ》る者が多くなる。その結果、性病に苦しめられる者も続出した。

私が幕末維新期の史料を数多く見てきた中で、しばしば目にしたのは、梅毒や淋病（当時は「淋疾」といった）に罹った人物の存在である。そして、この点に関連して興味深い話が残されている。薩摩藩の海江田信義が後年語った回顧談（『維新前後　実歴史伝』巻之二）中に載っている話である。海江田は、先述したように、江戸で水戸藩の藤田東湖に師事した。その時、東湖から次のように戒められたという。それは、若くして花柳界に出入りして、花柳病（＝性病）に罹った者を東湖がそれまで目撃してきたことを受けてのものであった。すなわち東湖は、海江田に対し、武士は有事の際、国家のために士気をふるわねばならないのに、性病のために「廃痼《はいこ》の人と成」る者が多いとして、若い海江田に同じ過《あやま》ちを犯さないことを求めたのである。

もっとも、同じ性病といっても梅毒と淋病とでは症状が大きく異なった。前者（梅毒）の症状はゆっくりと進行し、長い時間を経て脳などの中枢神経をおかしたのに対し、劇《はげ》しかったのは後者の淋病であった。これは、罹ると短時日の間に激痛がはしり、ただちに公務に支障をきたした。

たとえば、肥前藩出身の官僚・政治家として知られる大木喬任《たかとう》などは、明治十一年（一八七八）四月二十三日付で大久保利通に宛てた書簡（『大久保利通関係文書』二）において、率直に自身の病気のことを伝えている。「下官（＝大木喬任）、実は当月初めより淋病に罹りおり候処、いったいは快方へあいおもむきおり候えども、いかがの訳や、昨日あたりより疼痛《とんつう》（＝ずきずきとうずくような痛み）きわめて甚だしく、一時間、数十度も尿気をもよおし、今日困却のきわみに御座候。……医師より両三日の処、小運動も制止せられ平臥《へいが》仕り候」。

これは、翌日から二～三日間、出勤できないとの断りを申し入れた際のものだが、別段淋病に罹ったことそれ自体を恥じている風でもない。彼らにとっては、ごくありふれた身近なことだったのだろう。彼らを弁護するわけではないが、こうした人物が性病に罹ったのは、そもそもは性欲の所為であったが、やはり政治活動からくる強いストレスが大いに関係していよう。

さらに脱線気味の話が続くが、幕末の英雄であった坂本龍馬にも梅毒説がある。すなわち彼は、末期の梅毒患者であったというものである。これは龍馬の髷《まげ》が薄く、額《ひたい》が禿げ上っていることによるものだが、一興として付け加えておく。また、龍馬よりも、より可能性がある人物としては、他に薩摩藩の家老であった小松帯刀などがいる。

小松は、近年のNHK大河ドラマ『篤姫』で、にわかに光があたるようになった人物だが、とにかく魅力的な若者だったらしい。幕末時、有能なイギリス人外交官であったアーネスト・サトウも、はるか後年、その著書（『外交官の見た明治維新』）の中で、小松のことを「小松は私の知っている日本人の中で一番魅力のある人物で、……政治的な才能があり、態度が人にすぐれ、……（ただ）口の大きいのが美貌をそこなっていた」と懐かしんでいる。

### 小松帯刀の失禁

その小松には女性関係のゴシップがあった。その一つに、安政四年（一八五七）、彼の二十二歳時のものがある。それは、城内で開かれた上級士の会議の場で、彼が失禁したというものである。もちろん、これをもって、ただちに小松が性病（なかでも淋病）に罹っていたとみなすわけにはいかないだろう。ただ、このことを伝える安政四年十月十七日付鎌田出雲宛桂久武書簡（「桂久武文書」）中に、併せて「（小松は）かねて放《ほう》埒《らつ》（＝ほしいままにふるまって、酒や女性におぼれること）する所行もこれあり」と記されていることから考えると、淋病の可能性は否定しえない。すなわち、若き日の小松は、好男子だった分、身状《みじょう》の点では多少問題があったらしく、けっして聖人君子ではなかったようである。いずれにせよ、小松帯刀が政治活動にともなうストレス等によって性病に罹ったとしても、いっこうに不思議ではない。

徳川斉昭の反論

なお、強いストレスを抱えながら、性病が恐ろしい、もしくはこうした病気に罹って公務をはたせないことを恥じるタイプの男たちは、どうやら大酒飲みとなる傾向があったらしい。先程の藤田東湖などは、まさしくこのタイプであった。この点に関しても、少々面白い話が残されている。それは、無類の女性好きであった徳川斉昭を、東湖が思い余って率直にいさめた際、次のように斉昭から反論をくらったというものである。「汝（＝東湖）は平生飲酒の度に過るを見る。飲酒の過量となるは、はなはだ、その身体を害す。請う少しく節せよ」（『維新前後　実歴史伝』巻之一）。東湖は東湖で、政治活動や面会希望者のあまりの多さ等からくる強いストレスを、傍目に異常と見える飲酒によって紛らわそうとしたのであろう。

㋔政治的な死がその後の政局におよぼした影響

ところで、幕末維新期は、このように、広範な層の人びとに突然の死や病気を強いることになった。そして、注意深く見ていると、こうした死が、その後の政局に思ってもみない巨大な影響を時におよぼすことがあるのが判る。一例を挙げると、筑波挙兵組の集団死の影響などが、それに該当した。

筑波挙兵組の大量処刑

筑波挙兵組とは、幕末期、攘夷の実行（具体的には横浜在留の外国人への襲撃などをめざす）に向けて、筑波山に集合した水戸藩の脱藩士らを指す。そして、彼らは、やがて自分たちの考え（決意）を当時京都にいた水戸藩出身で禁裏御守衛総督であった一橋慶喜に伝え、その同意を得るために同地を出発する。そして、この水戸浪士の件は、広く知られているように、武田耕雲斎や藤田小四郎（藤田東湖の四男）ら数百名にのぼる処刑者を出すという、幕末史上でも最も悲惨な結果に終わった。

こうした結果となったのは、そもそもは、筑波挙兵組が水戸藩内の各所で攘夷決行のための資金を調達するとの名目のもと、献金の強要や強盗まがいの行動に出たことによった。すなわち、徳川政権はこれを大いに問題視し、水戸藩にただちに鎮圧を求めたものの、攘夷に消極的な老中らに対する各方面の反発もあって、収拾困難な状況におちいった（拙著『徳川慶喜』〔人物叢書〕）。そのため、幕府首脳は筑波挙兵組を激しく忌み嫌った。それが結果的に彼らの大量処刑につながった。しかし、幕府首脳にとっては、これで厄介払いをしたつもりだったかもしれないが、この大量処刑が、のちに幕府にとって思ってもみない不利な状況を招くことになる。

文久三年の五月に、長州藩が下関でアメリカ船やフランス・オランダの艦船を砲撃して以来、同藩と幕府の対立が深まったことは、よく知られている史実であろう。そして、このあと、元治元年（一八六四）七月に発生した禁門の変によって「朝敵」となった長州藩の処分をどうするかが、朝廷と幕府の双方にとって大問題となったことも、これまた周知の事実である。その長州藩の処分内容が、慶応元年（一八六五）の閏五月下旬から六月にかけて大坂城の御用部屋で開かれた評議の席で決まる。それは、長州支藩の岩国藩主（吉川経幹《きっかわつねまさ》）や、長州藩末家の徳山藩主（毛利元蕃《もうりもとみつ》）らを大坂に呼び出し、長州藩に関わる疑問点を問い質し、そのうえで最終的な処分におよぶというものだった。

奇兵隊士の反対

ところが、長州側は吉川らの上坂を理由を設けて拒絶した。反対の先頭に立ったのは、奇兵隊士であった。彼らは「昨年武田耕雲斎一列御取扱いの先例」をもって、「たとえ（幕府側が）大膳父子（＝毛利敬親《たかちか》・元徳《もとのり》父子）（に）御寛大の御所（処）置あい成り候ても、奇兵隊の分はとても死はのがれがたくと存じつめ」た結果であった（慶応元年七月二十七日付「園田彦左衛門小倉ヨリノ報告」『玉里』四）。つまり、前年の筑波挙兵組に対する幕府サイドの措置をもってすれば、自分たちが、どのような酷《むご》い仕打ちを受けるか目に見えるようだと受けとり、それが長州藩の幕命拒否につながったのである。

歴史を学んでいると、つくづく因果応報的なことが起こるものだと感ずることがあるが、この時もまさにそうであった。そして、長州側の拒絶にあった幕府側が、このあと第二次長州戦争を否応なしに実行せざるをえなくなり、そのことで自滅への途をたどったことは、これまた広く知られていることである。

## ㋕若者のはたした役割と老人

若者と老人の対立の構図

さて、ここで視点を変えて、幕末維新期に中央政局で活躍した人物の年齢等について若干考えてみたい。幕末維新史に関しては、しばしば、上士（上層家臣）対下士（下層家臣）・郷士・浪士といった対立の図式で捉えられる。あるいは、守旧派対改革派といった対立の構図でもって説明されることも少なくない。そして、年齢でいえば、往々にして若者対老人の対立の図式で語られる。

むろん、こうした対立の図式（構図）は、かなりの程度、史実に該当する。そして、幕末維新史が大衆的人気があるのも、ひとつには、若者が活躍する場が、それまでの時代に比べて格段に増加することによろう。すなわち、二十代から三十代前半にかけての若者（若き志士）が、現状を憂えて立ち上がり、将来の国や社会（地域社会）のあり方を真剣に模索した姿が、多くの人びとの共感と感動をよんだことは問違いない。

若者が活躍できた理由

では、何故、幕末維新期にあっては若者たちが活躍できたのか。その理由の一、二をここで説明しておきたい。そのまず一は、幕末期には、既述したように、先例のない事態が、とにかく、これでもかこれでもかと起こり、これに対処するには元気な若者の力を必要としたということである。また交渉力に長けた欧米人と粘り強く渡り合うためには、語学力と体力に秀でた若者らを必要とした。語学の習得が、幕末期にあって、下層クラスの若者たちにとって立身するうえで有効な手立てであったことは言うまでもない。また、恵まれた立場にあった上層クラスの者にとって、地道な努力を求められる語学の習得が不得手であったことは想像するまでもない。こうしたことが、下層クラス出身の若者の台頭につながったのである。

その二は、藩主クラスは、直接会って（対話して）問題の解決を図ることが、そうそう出来なかったことである。そのため、松平慶永が、後年、「互いに家来文通、あるいは（家来の）面会等にて談じ候なり」と回想（『逸事史補』）したように、家臣を介在して自分たちの意見を交換しあった。そこで、若くて優秀な人材が、身分にかかわらず登用されることになる。そうして起用された著名な人物としては、島津斉彬における西郷隆盛、松平慶永における橋本左内らがいる。そして、若者たちは互いにコミュニケーション・ネットワークを形成して接触を深めた。ついで、こうして創られた彼らの横のつながりが、幕末史を大きく変える、そもそもの基盤となったのである。

## 「隠居」身分者の活躍

だが、幕末維新史を老いという観点から眺めると、意外なほど「隠居」身分の者が活躍していることがわかる。一例を記すと、幕末最終段階において、名賢侯と称された一群の人物が重要な国是（＝国の方針）決定の場に臨むことになる。のちに四侯と称されることになる島津久光・松平慶永・伊達宗城《むねなり》・山内容堂（豊信）などが、その最たる存在であった。

普通、「隠居」というのは、高齢に達した人間が当主の座（地位）や財産を後継者にゆずり、公的にも私的にも、そうした場から退くことを意味した。もっとも、江戸期も対外危機が深刻となる前の、平穏な時期においては、幕府をはじめ諸藩でも、現在のサラリーマンのような定年退職の制度はなかった。そのため、七十歳でようやく役職を退いて隠居が認められる例が多かった。つまり今日のサラリーマンと比べても退職年齢はより高かった。これは、主君（将軍や大名）に対して奉公の義務をおう当主の場合、みずからの自由意思で当主の地位を退くことが出来なかったからである（柳谷前掲書。氏家前掲書）。

しかし、そうしたあり方が、激動の時代に突入した幕末段階になると、大きく変わって一般的に隠退が早くなる。なぜなら、戦争に備えて軍事訓練ひとつ行なうにしても、当主の若さが必要となってきたからである。さらに、こうしたことに加え、時に政治的理由によって引退を余儀なく（強制）されることが生じた。安政期に井伊政権の徳川慶福（のちの家茂）の将軍継嗣決定と日米修好通商条約締結に抗議して、無断登城（＝定められた日以外に江戸城に登城した）をおこなったために隠居せざるをえなかった松平慶永などが、こうした事例に該当した。

もっとも、彼らとて、格別高齢とはいえないまでも、いっそう若くはなかった。久光は文化十四年（一八一七）、宗城は文政元年（一八一八）、容堂は文政十年（一八二七）、慶永は文政十一年（一八二八）の生まれだったからである。すなわち、最も若い慶永でも幕末最終段階は三十代後半、最も年寄りの久光にいたっては四十代後半から五十歳に、もはや達していた。

## 行動の自由

その彼らが中央政局に関わるようになった理由は、大きくいって二つあった。一つは、「家督」をついだ藩主と違って、行動の自由をそれなりに有したことである。当時の藩主は、幕府との関係で参勤などの義務を負った。二年に一度、江戸に行くことは藩主にとって「国務」のひとつ、しかもそれは重要な柱とされ、藩主がこうした「国務」を打ち捨てて自由気儘な行動をとることは許されなかった。これに比して、隠居には行動の自由があった。

## 島津久光の場合

このような立場にあった隠居クラスが、行動の自由度をかなりの程度有していたがゆえに、重宝がられるようになったのが幕末維新期であった。たとえば、島津久光の場合などが、そうしたケースに当てはまる。よくよく考えてみれば、久光は不思議な人物で、藩主の座に就いた経験がなかった（したがって無位無官であった）にもかかわらず、藩主島津忠義の実父として藩の最高実力者の座に登りつめた。

こうした経歴の持ち主であったため、彼が文久二年（一八六二）に薩摩藩兵を率いて上洛し、ついで江戸に向かい、幕府に改革を迫った際などには、大きな反発が生じた。客観的に見れば、彼には、なんら、そうした行動に出るだけの資格がなかったからである。いま先程も一寸触れたように、江戸期の社会において最も重視された官位を持たない無位無官の身であったからである。だが、久光は、これ以後も薩摩藩内にあって絶大な権力を保ちつづける。これは、どうして可能になったか。いくら息子で故島津斉彬のあとを嗣いだ忠義がいまだ若かった（忠義は、安政五年十二月、斉彬の遺命により十九歳で襲封した）とはいえ、これだけで最高実力者の座に就けたとは思われない。

## 島津斉彬の高い評価

久光が薩摩藩の最高権力を掌握できた最大の理由として挙げられるのは、異母兄であった故島津斉彬から、その能力を認められ、かつ藩政を任されたことによろう。久光に関しては、このあと、まもなく説明するように、西郷隆盛を苛《いじ》め抜いたこともあって、西郷ファンの反発を受け、評判は良くないようである。また、廃藩置県に強く反発したことで強烈な守旧主義者のイメージを持たれ、とかくマイナスの評価を受けがちである。

しかし、当時にあって、島津久光の能力と学識には、抜きんでたものがあったとされる。彼は大変な読書家で、古今東西の歴史等によく通じていたという。そのため、本来、「お由羅騒動（彼らの父であった島津斉興《なりおき》の後継をめぐる争い。候補として斉彬と久光の両名が担がれた）」といわれる継嗣問題で毛嫌いしても当然であった久光を、斉彬はいち早く高く評価した。そして、後事を託した。

斉彬と久光の両名は、互いに書簡をやりとりし、重要な情報も教えあっていた。ついで斉彬は、この久光だけに、「臨終の節、……委曲遺命」を伝えたとされる（「久光公外夷処分ノ建言」『忠義』二）。また、島津久光は、遅くとも文久二・三年の時点で攘夷は不可能だと見ぬく眼識の持ち主であった。むろん、これには兄斉彬の影響があったであろう。だが、それ以上に、久光自身の性格や能力が大きく関わったと考えられる。

彼は、「空論」をすこぶる嫌がり、リアルに物事を見つめることを好んだ人物であった。それが、排外主義（攘夷論）の声が吹きすさぶ中、「無謀の攘夷」「成らざるの攘夷」を拒否し、「彼（＝欧米諸国）を制圧」できるだけの「武備（＝軍事力）」を至急「充実」すべきだとの冷静な主張につながった（文久四年正月「久光公ヨリ幕府ヘノ建白」『玉里』三）。

こうした久光であったからこそ、彼が中央政局に登場した文久二年の時点で、「秀才賢明」で、有能な家臣を使って、「すべての処置、抜け目なく行き届き申し候に付、薩州大明神などと衆人」に噂されることになる（「久光公入京ヨリ寺田屋事変迄ノ風聞書」『玉里』一）。

久光への京都守護職就任要請

この久光に対して、朝廷は文久三年の十一月、京都守護職への就任を希望する。理由の一つとされたのは、次のような久光の立場であった。「（久光）儀家督にもこれ無く候得ば、京師守護も専一にあい調うべく候儀と思し召され候に付（下略）」（『玉里』二）。つまり、家督に就いていない自由な立場の久光であれば、治安状況が極度に悪化しつつあった京都で警護問題に専念できるとの計算がなされたのである。

豊かな教養と人生経験

隠居、もしくはそれに準ずる者が中央政局に登場するようになった、いま一つの理由は、長い人生で蓄積された彼らの豊富な経験にもとづく知恵が求められたことにもよろう。幕末維新期のような危機の時代になると、重要な判断を下すのに、教養と人生経験の厚味がともに不可欠となる。もちろん、若者に特有の荒々しい突破力も時に必要であったが、豊かな知識と人生経験も、それ以上に不可欠となってくる。知識と人生経験の豊かさは、人間や社会に対する深く、かつ幅広い考察力をともなった。

また、高齢者の登場が求められた他の理由としては、彼らの長年の交友関係によって築かれた人脈、およびそこから入ってくる情報量の多さといったものが尊重されたことにもよろう。いずれにせよ、こうしたことは一般的には、若者ではなく年輩者に有利とされるものであった。したがって、このような面からも、中高年者の一部に活躍の場が供されることになったのである。

### ㋖老人に残された時間と使命感

大原重徳の勅使志願

ところで、年配者の問題がでた序《つい》でに書き足すと、危機の時代になると、老人の中に自分に残された時間と自分に与えられた使命の双方を秤《はかり》にかけて、自らの命を投げ出そうとする人物も出てくる。この点で興味深いのは、公卿の大原重徳《しげとみ》が文久二年

（一八六二）に勅使に選ばれた際の発言である。大原は、先程ごく簡単に記したように、幕政改革を徳川政権に要求すべく鹿児島を出発し、京都にいったん立ち寄った島津久光の要求を受けて、朝廷が勅使を江戸に派遣する際、勅使に選ばれた。

実はこの時、勅使の志願者が募られた。そして、これに徳大寺実則《さねつね》がまず手を挙げたあと、大原が志願する。注目すべきは、その志願理由であった。彼は、次のように発言したのである。「もし将軍家に御受けも御座なく候ては、そのまま罷り帰り候儀も調いがたきほどの事に候得ば、一大重事に存じ奉り候。そのうえ私事も、もはや老年にもおよび、惜しき命（に）もこれ無し」（「京都ヨリ国許ヘノ情報」『玉里』一）。

享保元年（一八〇一）四月生まれの大原は当時すでに満年齢で六十歳を越える高齢者となっていたが、彼は自分に残された時間（余命）をも考慮して、あえて勅使を志願したのである。そして、この大原の志願の背景には、孝明天皇の思いに対する彼なりの忖度《そんたく》が関係したと思われる。大原は、後日、元治元年（一八六四）の時点で、島津久光に宛てた書簡（『忠義』三）において、朝廷は、長年、幕府に大政を委任してきたため、幕府の申す通りに、これまでしていたが、通商条約の勅許に関しては、孝明天皇が「皇国の御大事たるゆえに、如何にしても勅許遊ばされず。それよりして（朝廷と幕府と）だんだん行き違いとな」ったと説明した。すなわち、大原の志願は、このような孝明天皇の気持ちを推しはかってのものであったと想像される。

事実、安政五年（一八五八）、時の老中であった堀田正睦《まさよし》が日米修好通商条約調印への天皇の同意を求めて自ら京都にやって来た際には、有志の公卿八一数名とともに、外交措置を幕府に委任するとの旨を記した勅裁案を堀田に下すことに反対し、字句を直すことを関白の九条尚忠に求めた。外交措置を幕府に委任するとした勅裁案では、幕府が開国を決定すれば、それを阻止できなかったからである（拙著『江戸幕府崩壊』）。

また、この直後のことかと思われるが、大原は徳川斉昭に何かを訴えるために水戸に行こうとして、途中大津から京都に連れもどされるという一幕があったらしい。そのため慎処分となったものの、このことを聞いた孝明天皇が、「忠義」ぶりが頼もしいと罪を許したという（安政五年七月八日付橋本左内宛近藤了介書簡『橋本景岳全集』下巻）。大原は、もともと直情径行型の人物だったのであろう。

大原のかたくなな対応

そうしたことはともかく、大原の発言がどうやら決め手となって、彼に勅使が決定をみたらしい。ごく普通の状況であったならば、マイナス要因となったかもしれない老人であったことが、逆に大原にとって追い風となったのである。

そして、このような切羽詰った思いがあってか、江戸に達した彼は、自分に与えられた使命をはたすべく、かたくなな対応（態度）をとる。大原は、幕府首脳に対し、公武合体（朝廷と幕府の親密な関係の樹立）を実現するためには、幕政改革が必要だとして、一橋慶喜と松平慶永の登用をしつこく求めた。また、その一方で、攘夷の実行も併せ求めた。

後年、当時のことを回想した松平慶永の筆によると、次のような対応を大原は江戸でみせたのである。「大原重徳卿、（中略）おりおり登城、しきりに攘夷の勅語を演ぜらる。これには、ほとんど困却苦痛申すまでもなし。かつまた、浜殿（＝浜離宮）へ一日大原重徳卿を幕府より招請あり。酒肴饗応あり、釣魚等もあり。老中はじめ役人みな罷《まか》り出る。ここにおいて、大原卿はいっこう歓楽したまわず、ひたすら別席において攘夷論あり。実に重き勅命の厚意、感佩《かんぱい》のいたり也」（『逸事史補』）。

これは、大原の強硬な姿勢（要求）を受けて、慶永が政事総裁職に登用されたあとの、大原がとった行動についての評価であった。すなわち大原は、孝明天皇の意をくんで、なにがなんでも幕府に攘夷を実行させるべく、浜御殿での接待などに心を奪われることなく、一意、自分の使命をはたそうとしたのである。高齢者であった大原は、若者ほど生に執着しないでおれた分、朝廷のために最後の（そして、彼の人生でいまだかってなかった）大仕事に臨もうとしたがゆえに、このような行動に出たのである。残された時間が極度に少なくなっていた老人ならではの対応ぶりであった。

大久保利通らのテロ計画

なお、この時、大原に従って江戸にやってきた薩摩藩の大久保利通や小松帯刀らの間では、幕府首脳が慶喜の将軍後見職就任などを受諾しない場合は、彼らに対するテロを敢行することで意見の一致をみたという。そのため、彼らは、大原を訪ねてきた二人の老中（脇坂安宅《わきさかやすおり》と板倉勝静《いたくらかつきよ》）が大原と会談した部屋の隣に控え、いつでもテロが決行できる態勢を整えた。ところが、両老中が前向きに検討することを約束したため、あやうくテロが敢行されなくて済んだ（「大原家記鈔」『忠義』一）。むろん、大久保らが老中を殺害すれば、老中ともども彼らの生命も失われることになり、その後の日本の歴史は大きく変わったのは間違いない。

その後の大原重徳

さらに、ことの序でに、その後の大原についても、ごく簡単に記しておきたい。というのは、幕末史上で大原のはたした役割は案外大きかったにもかかわらず、不人気な人物ゆえに、取り上げられることが、はなはだ少ないからである。

こうして幕府を追いつめた大原は、この後、対幕強硬派が自分たちの意見を朝政に反映させようとする際には、必要不可欠の人物となった。たとえば、第二次長州戦争中の慶応二年（一八六六）の八月、徳川慶喜が、突如、自身で幕府精鋭軍を率いて長州領内に向かうとの方針をひるがえした時には、主役として表舞台に躍り出てくる。この時、慶喜の「変説」を受けて、朝廷内は大混乱におちいった。なぜなら、第二次長州戦争および慶喜の出陣を、孝明天皇や中川宮、それに時の関白であった二条斉敬《なりゆき》らの朝廷上層部は支持していたからである。

ここに、孝明天皇を除く、中川宮以下の責任問題が浮上するが、この時、公卿のリーダーとして先頭にたったのが大原であった。彼は、八月三十日、二十数名の仲間とともに参内し、「かく朝廷御失体致せられ候儀は、皆御前の罪なり」と厳しく中川宮を問いつめた。これに対し、宮は自分の非を認め、ついで九月四日、国事扶助職の辞意を表明する。あわせて二条関白も辞意を表明し、参内を停止する（拙著『徳川慶喜』）。

本来なら、三十石三十扶持の小禄しかはまない最下層の公卿であった大原に、このような発言ができるはずはなかったが、幕末期的状況と彼の抜群の行動力がこうした成果を反幕派にもたらしたのである。私には、まさに老人パワー全開のように見える。

もっとも、こうして、大原は旧来の体制と秩序を大いに揺るがす役割をはたしたが、彼自身はけっして武力倒幕論者ではなかった。あくまで朝廷の権威や権限の向上・回復を画策した人物にとどまった。しかし、彼の働きなども多少は関係して、のち図らずも幕府が倒され、新たに成立した維新政府が早急に開国路線を採択すると、これに一時激しく反発したという。

大原は、開国そのものに猛烈に反対したというよりも（むろん開国は望まなかったが）、維新政府のあまりの変わり身の早さについていけず、強い不平・不満を抱いたのである。そして、維新政府の議定に就任したばかりの松平慶永に対し、自分は攘夷実行のために結果として徳川政権を追いこんだが、いまとなっては、旧幕府に対して申し訳なく思う（義理を欠く）との懺悔《ざんげ》の言葉を吐いたとされる（『逸事史補』）。

維新は、「王政復古」つまり昔に戻ろうとするスローガンで始められたが、それが実現すると、すぐに変革のスローガンは、西洋をモデルにした「開化」「進歩」に切り替えられたのである。過去を向いていたはずの革命が、維新政府の都合で、いきなり未来を向いてしまった（三谷博『愛国・革命・民主』）。純な老人ではあった大原が面食らい、失望し、懺悔《ざんげ》の言葉を吐いたのは真に無理からぬことであったといえる。

なお、こうしたこともあってか、倒幕が達成された後の慶応四年（一八六八）三月下旬段階で彼の処遇が維新政府内で問題となってくる。すなわち、二月二十七日付で嵯峨実愛《さねなる》は岩倉具視に宛てた書簡（『岩倉具視関係史料』上）において、「大原老、早々いず方えなりとも（赴任させるように）御決定祈る所に候」との自分たち（三条実美や中御門経之《なかみかどつねゆき》をふくむ）の考えを伝えた。なんのことはない、体《てい》のいい厄介払いの相談であった。純で頑固一徹な老人であった大原の政治生命は、実質的には、この段階で終わったのである。

## ⑦会沢正志斎の誠実な老学徒としての姿

『新論』の多大な影響

純な老人の話がでたところで、ここでいま一人同じようなタイプの老学者を取り上げておきたい。後期水戸学の大成者といわれる水戸藩の会沢正志斎《あいざわせいしさい》（一七八二〜一八六三）である。会沢は、文政八年（一八二五）に『新論』を完成し、地球規模での戦国時代の到来を説き、かつ日本の尊厳性（尊王攘夷）を提起したことで知られる人物である。すなわち、この本は、尊王攘夷運動に参画した諸藩士や浪士に多大な影響を与えた、いわばバイブルといってもよい書であった。

**攘夷を批判する意見書を提出**

この会沢は、水戸時代の教え子であった一橋慶喜が、先述したような事情で、第十四代将軍徳川家茂の後見職に就任した時点で、意見書を作成して慶喜に提出した（文久二年閏八月十九日付原田明善宛会沢書簡『水戸藩史料』下編全）。それは、「今時《いまどき》、外国と通好」するのは、やむをえないことだと、鎖国策を放棄することを提言したものであった。

この意見書は、会沢が死去する前年に書かれたものであった。つまり老年期（当時八十歳に達していた）にいたるまで、彼が勉学に努めた結果、到達したものであった。そして私は、慶喜が、この頃、彼の人生で初めて開国論を提唱するに至るうえで、この意見書はかなりの影響を与えたのではないかと推測する（拙著『徳川慶喜』（人物叢書））。

もっとも、鎖国論を放棄した会沢は、時勢に迎合した変節漢（転向者）とみなされ、評価を一気に落とすことになった。そのため、現代に至るまで、彼には全集はない。

**純粋で誠実な老学徒**

だが、この最晩年の会沢が採った行動は、私の眼には純粋で誠実な学究の徒の望ましい在り方のように映る。つまり「過ちを認むるに、はばかることなかれ」を地でいった人物としてである。中年時に尊王攘夷を唱えながらも、会沢は水戸の地にあって、その後、コツコツと世界の情勢を彼なりに探っていたのであろう。そして、こうした長年の研鑽《けんさん》が、いま挙げたような意見書の提出につながったと思われる。いずれにせよ、純粋で誠実な老人の姿がそこから浮かび上がってくる。

### ㋘小笠原長行の回顧談

「与人異七事」

ところで、幕末維新期を生きた老人の回顧談として少々興味深いものに、幕末期の中央政局において、異彩を放つ存在の一人であった小笠原長行のそれがある。この人物には、先程もほんの一寸登場してもらったが、とにかく幕末期にあって、老中として傾きかけた幕府政治をなんとか建て直そうと奮闘した人物だった。その彼が、晩年、「与人異七事」と題された漫言（回顧談）中に自分の体質や性格等を記している（『小笠原壹岐守長行』）。それを読むと七十歳近くになった小笠原長行は、「ふるき事をよく夢みる」ようになったらしい。これは老人一般によくあることだが、面白いのは次の箇所である。

余は、壮年の時は、朝腹の減る事なく、朝飯は食味いたって薄く、無理に勉強して（＝努めて）一、二椀を食するよう（に）なりしが、五十前後より朝飯ことに旨《うま》く、三度の食の中、朝食を一番多量に食す。朝、腹の減る事、非常にて、朝ごとに食を待ちかねたり。……六十四・五歳よりは、朝さまでは空腹を覚えず、二度とも同様の食と成りたり（下略）。

### 潜伏生活

一見なんということはない話だが、興味深いのは、「五十前後」になって朝腹が猛烈に減りだし、俄然、朝食を待ちかねるようになったとの部分である。周知の読者も多いことかと思うが、小笠原長行は鳥羽・伏見戦争の勃発後、老中職を辞し、そのあと江戸を経由して東北に奔って奥羽越列藩同盟に加わり、ついで箱館五稜郭に立て籠もった。そして明治二年（一八六九）の四月、箱館戦争の最中にアメリカ船に乗りこんで江戸に帰り、同地に潜伏することになる。

### 世間に姿を現わす

その小笠原長行が潜伏生活を止めて、公然と世間に姿を現わしたのが、明治五年（一八七二）、彼が五十歳の時のことであった。つまり、時代がもはや自分を厳罰に処すことはないと判断しての出現であった。現に、明治五年に入ると、かつての仲間であった人物たちが復権する。すなわち、まず一月六日に徳川慶喜が従四位に叙され、それまでの無位無官の身から解き放たれ、復権への第一歩をしるすことになる。ついで、小笠原とやはり行動をともにしたことのある松平容保《かたもり》（もと京都守護職）や同定敬《さだあき》（もと京都所司代）なども罪を赦された。

### ストレスと食欲の関係

こうしたことが、彼の潜伏生活の中止につながったと考えられるが、それにしても、身を隠さないで済むようになると、これほどまでに胃腸というのは自由闊達な動きをするものかと思う。長年の強いストレスから解放されると食欲が一気に増進するのは、なにも一般人に限ったことではなく、元殿様も同様だったのである。

なお、小笠原長行は、このあと、彼の読みどおり拘束されることもなく、余生を心穏やかに過ごすことになった。そして当時、彼が息子に冗談まじりに語ったという言葉は次のようなものであった。「俺の墓石には、声もなく、香もなく、色もあやもなし、さらば此の世に残す名もなし、とだけ刻んで、俗名もなしにして貰《もら》いたい」。むろん、小笠原長行の死後、彼の望み（？）が適《かな》えられることはなかった。

## ㊂著名人の老病死にまつわる話

以上、㊀と㊁において、江戸後期から幕末維新期にかけての大きな時代的特色と思われるものを、幾つかのエピソードを交えて記した。もとより、これは大雑把な把握の仕方であり、粗雑だとの批判を免れないだろう。ついで、これからは、江戸後期から明治期にかけて生きた著名な人物の老病死にまつわる話を、やはりエピソードを中心にしながら、紹介することにしたい。そして、これによって、時代の特色や各人物の特異性といったものが、より鮮明に浮かび上がれば、筆者にとって、これ以上の幸せはない。

ただ、取り上げる人物は、むろん例によってアトランタムだが、その選択には一つだけルールを設けたい。それは、もしその人物が、以下のような状況におちいらなかったとしたら、その後の歴史が実際のそれとは随分違うものになっただろうと思われる人物のみを取り上げるということである。

大塩の乱の影響

## ㋐矢部定謙（幕府倒壊の前兆になったと思われる死）

さて、色々と考えたが、そうした人物のトップ・バッターとして取り上げたいのは矢部定謙《さだのり》（一七八九〜一八四二）である。江戸末期の歴史を見ていて、つくづく思うのは、幕府独裁政治の崩壊に最も鋭く関わった人物の死は、大塩平八郎（一七九三〜一八三七）のそれであろうということである。すなわち、大塩は自身および弟子たちとともに、徳川の支配体制を明確に悪と断定し、これを打ち壊そうとした。こうした人物は、それまで登場しなかった。そういう点で、まさに時代の転換点に位置する人物であった。そして、同時期に幕臣であった矢部は、天保四年（一八三三）に大坂西町奉行となったことで、この大塩と深く関わることになる。

大塩の人となりを後世に紹介

大塩は、改めて記すまでもなく、天保元年（一八三〇）に退職するまで大坂東町奉行所の与力を勤めた人物であった。したがって、両者は職場をともにすることはなかったが、ほぼ同じ時期に共通の職務を担当した者同士として、大坂の地で親交を結ぶことになる。そして、大塩の激しいが魅力的な気性を、具体的なエピソードとともに後世に伝えたのが、この矢部定謙であった。たとえば、矢部が後世に残した大塩のエピソードとしては、後任の奉行に、大塩が「人望（が）高」く「有用の才学」に富む「非常の人物」ではあるものの、「一癖」あるので、奉行の権威で押さえつけることはしないようにと忠告したといった話が有名である。

また、矢部が、大塩の乱後、藤田東湖に語ったとされる話も広く知られている。それは、大塩は「疳癖のはなはだしき」人物で、ある晩、矢部と大塩がともに酒盃を交わし「時事」について談じていた際、「憂憤」のあまり「器上に盛りたる金頭魚を首より尾まで、がりがりと噛《か》み砕きて食い盡」したというものである。しかも、「その様」は、「あたかも狂人」のようであったので、矢部の家宰（家臣の長）などは恐れて、これからは家に入れぬように矢部に申し入れたほどであったという（「矢部駿河守」『旧幕府』五）。こうした大塩の人となりを伝える貴重な証言を矢部は後世の我々に残したのである。

もっとも、矢部は大塩の乱が発生する前年（天保七年）に勘定奉行に転じ、江戸へ戻ったあとは、大塩の批判をまねく行動をとることになる。彼は、飢饉に苦しむ江戸民衆の惨状を目の当たりにして、大坂商人に大量の米穀を移送させたからである。そのため、皮肉なことに、大塩の良き理解者であった彼は、大坂の民衆をさらなる苦境に追いやったとして、大塩の批判をまねくことになった。

### こわみのある人

この矢部がすこぶる壮絶な死を遂げたのである。その前に矢部定謙のことをほんの少し紹介しておくと、彼は男の魅力にあふれた人物だったらしい。体格は当時にあってもやや小柄で、色白であったが、「眼光」には「鋭」いものがあったという。さらに、「上には強く、下には柔かなりしかど、何となく、こわみある人」でもあったとされる。すなわち、上司には間違っていると思えばズケズケと意（異）見を言い、反対に部下には物腰柔らかく接したというのだ。「男はこうあらねばならぬ」という理想を、地でいった人物であったのだろう。こうしたことを受けて、彼には「気象よき人」「英《えい》邁《まい》の気象（の持ち主）」といった評価が下されている（同前）。

### 絶食死

だが矢部は、栄転して江戸に戻ったあとトラブルに巻きこまれることになる。彼は江戸に戻ったあと、株仲間の解散令や江戸市中の改革をめぐり、時の老中首座であった水野忠邦（一七九四～一八五一）と対立し、やがて家名断絶のうえ自身は桑名藩に永預けとなる。

ところで、水野忠邦といえば賄賂政治で有名である。しかし、これは、なにも水野に限ったことではなかった。幕府政治は本質的に賄賂を前提に成り立っていたといっても過言ではない。それ故、「定謙学問なしといえども、そのなす所、厳正果断、着々功を奏す。……公明厳粛、良吏と称すべし」（同前）と評された矢部のような人物が、金権腐敗の悪徳政治家としての一面を濃厚にもっていた水野忠邦とぶつかったのは、なにも不思議ではない。そして、この矢部が抗議の意をこめて絶食死という死に方を選んだのである。すなわち、絶食を始めてから十日後、「額上」に「汗を流し、苦悶の状あれども少しも動かず」という有様を呈した後、さらに「二十余日を経て、端坐したるまま、遂に歿」したという(同前)。

山岡鉄舟の死

「端座」とは姿勢を正しくして座ることだが、こうした死に方をした人物として、すぐに思い浮かぶのはやはり幕臣であった山岡鉄舟(一八三六～一八八八)である。この人物は、慶応四年、徳川慶喜じきじきの命により西郷隆盛を駿府(静岡)に訪い、勝海舟と西郷の会談を周旋し、結果的に慶喜の生命救済と徳川家の存続をともに実現したことで知られる。その山岡が五十三歳で胃癌が原因で没する際、座禅を組んだままであったと言われる。だが、山岡の場合は、もちろん矢部とは違って抗議の意をこめた正座死ではなかった。

それはともかく、私には、この矢部の絶食死は、腐敗を極めた幕府政治そのものへの正面きっての抗議のように見える。自分には非がないとして、食を絶ち壮絶な餓死をとげた人物は、実は彼以前にもいた。新井白石の執拗な弾劾によって失脚させられた荻原重秀《おぎわらしげひで》(江戸前・中期の幕臣。一六五八～一七一三)などがそれに該当した。したがって、抗議の意をこめた絶食死は、江戸期にあって矢部のケースが初めてのことではなかった。だが、矢部の死には、時期的な面からいって大塩の抗議に準ずるようなところがあり、私には幕府政治がやがて倒壊するうえでの前兆となった死のように思える。

㋑孝明天皇と鷹司政通

つづいて、江戸幕府の支配がいよいよ終わりを迎える時期に移る。幕府政治が終了するうえで大きな意味をもった人物の死としては、ペリー来航時に老中首座をつとめた阿部正弘（一八一九～五七）のそれがまず挙げられよう。阿部が三十九歳の若さで急死しなかったなら、幕府の支配がもう少し続いたことは疑いない。しかし、私には、幕府政治が終わるうえで、より決定的な役割をはたしたのは孝明天皇（一八三一～六七）であったと思える。もっとも、同天皇は、幕府打倒を志向したことは一度もなく、いわば望まないまま、結果的に江戸幕府の倒壊に手を貸すことになった人物であった。そういう点では皮肉な役回りを歴史上ではたしたと言えよう。

皮肉な役回りをはたす

孝明天皇に関しては、長年にわたる鷹司家による朝廷支配を打倒しようと考えていたとの評価がある（井上勝生『幕末維新政治史の研究』）。これは、文政六年（一八二三）以来関白職にあった鷹司政通（一七八九～一八六八）による朝廷支配を、天皇権の回復を目指す立場から、同天皇が否定しようと、つねづね考えていたと見なすものである。

病弱で多病な関白

が、孝明天皇の若年期からの動向を丹念にたどっていくと、実態は相当異なる。寛政元年（一七八九）の七月に誕生した鷹司政通は、若い時分から病弱で多病だったらしい。しかも、そのうえ、公卿や官人の職場である御所の建物は、蒸し暑い京都の現状に合わせて造られていた。すなわち、寝殿造の建物は明らかに夏向きであって、厳しい京都の冬場には適さなかった。

私も京都在住の身なので、冬の厳しさは容易に理解しうる。吹きさらしに近い職場環境の中、座りっぱなしのまま、冬季の長時間におよぶ儀式や職務に励むことは、若い公卿や官人にとってすら、さぞかし辛かったであろうと思う。おまけに、朝廷の重要な公事は正月や十一月など寒い時期に集中していた（松薗斉「日記の記主と『老い』」）。また、彼らにはめったに休日もなく、儀式や執務が深夜にまでおよぶこともあった。

こうした中、もともと病弱で多病であった政通が、老体に鞭打っての出仕に音《ね》をあげたのは、きわめて自然なことであったといえる。彼は、孝明天皇の父である仁孝天皇（一八〇〇～一八四六）の代に、数度にわたって辞職を申請した。しかし、いずれも却下された。ついで孝明天皇の代に入ると、どうなったか。同天皇も、鷹司政通から辞職の申請が出されるたびに、それを押しとどめたのである。

政通の執務状況

だが、さすがに、嘉永期に入り政通も六十代に入ると執務が出来がたくなる。私は、かつて、この時期の政通の執務状況を、宮内庁書陵部が所蔵する史料（「鷹司家記」）で調査したことがあるが（拙著『幕末の朝廷』）、彼は、六十代半ばを迎えた嘉永五年（一八五二）段階になると、月にわずか一日から五日程度の出勤状態におちいる

## ライバルが存在せず

ことすらあった。むろん、関白には毎日出勤することが望まれた。けれども、体調が極度に悪い時には、こうした勤務状況にならざるをえなかったのである。

それにしても、老いの進行にともなって極度に職務執行能力が低下する中、関白職にあり続けることは、鷹司政通にとっても、さぞかしキツかったと想像される。第一、老年になると足腰が衰え、視力も悪くなる。このような中、儀式等で紫宸殿《ししんでん》を昇り降りしたり、ただでさえ暗い室内で儀式や職務をこなさないといけなかったのだから、これはもう本人にとって地獄での生活に等しい瞬間もあったに違いない。しかし、それにもかかわらず、鷹司政通は関白職から解放されなかったのである。

これは、それだけ孝明天皇の鷹司政通に寄せる信頼が厚かったためであろう。また、現実的な問題として、他に適当な人材もいなかった。年齢や家柄等からいって、一番の後継者となりうる人物は、左大臣の九条尚忠であった。しかし、この人物は、女性関係がだらしなく、かつ「異人」と称されたほど特異なキャラクターの持ち主であったため、後継者としては大きな難があった。

もっとも、そうしたことよりも、やはり、より大きな要因となったのは、鷹司政通の能力が抜きんでていたことであろう。万事につけて、政通はバランス感覚のとれた政治リアリストであり、その分、ミスを犯すことも少なかった。そうしたことが政通の長期政権を可能としたのである。

「器量」者

ところで、関白人事に関しては、いいかげんなものであったとの認識すら世間一般にはあるようだ。が、実際は、関白を産みだす出身母体の五摂家の中でも、能力のある者（当時の言葉でいえば「器量」者）が関白職を勤めるのが通例であった。そういう点では、高齢であった鷹司政通が関白職にしがみついた結果、彼の長期政権が続いたのではなく、彼にとって代わる能力のある者が、他の四摂関家にいなかった、つまりライバルとなりうる存在が見当らなかったことが、一番大きな要因として挙げられよう。

柔軟な朝政運営

事実、政通は、古格先例が重視された朝廷社会にあって、相対的に柔軟な朝政運営をした。たとえば、自分の希望する人事を強引に推し進めたり、朝議を無理してまとめようとするようなことはなかった。私は幕末期の朝廷を扱った前掲拙著において、弘化四年（一八四七）に内大臣を誰にするかという問題が持ち上がった際、客観的にみて息子の鷹司輔熙《すけひろ》（当時左大将であった）が最も相応《ふさわ》しかったにもかかわらず、あえて息子より年長の二人の人物をごく短い期間ではあったが、あい次いで内大臣のポストに就かせたあと、息子を内大臣としたケースを紹介した。

老人の知恵

当時、こうしたやり方を、京都弁で職を「ねぶらす」と言ったらしいが、いかにも人心の掌握に長《た》けた老練な宮廷政治家の姿をそこに見出すことが出来よう。薩摩藩主の一族である佐土原藩主の島津忠寛《ただひろ》（一八二八〜一八九六）が、慶応三年（一八六七）

十一月九日付で藩に提出した建言（『忠義』四）中に、「堂上の儀（は）微禄多欲に候えば」云々とあることからも明らかなように、当時の公卿は概して収入が低かったうえに、名誉欲がとにかく強かった。

したがって、内大臣が、家柄からいって、たどり着ける究極（最高）のポストであった右の三人にとっては、就任期間の多寡はそれほど重要ではなく、同職に一度でも就くことの方がより大事であった。それゆえ、政通の対応は、そうした人情の機微に通じたうえで講じられた措置であったといえる。また、こうした措置をとることによって、息子にいらぬ「とばっちり」（妬み）が向かうことを未然に防ごうとする気持ちも、鷹司政通には当然あったであろう。要するに、人事のバランスをとるのがうまい人物であったといえる。この辺、若いリーダーには、とうてい真似ることの出来ない、老人の知恵のようなものを私は感じるが、いかがなものであろう。

だが、賢明な老人に成熟していた鷹司政通にも予期しえないことが起こる。このあと、思いもかけない試練が待ちかまえていたのである。先述したように、幕府から日米修好通商条約調印の認可を求められた孝明天皇が、開国路線に同意しなかったことで、朝幕関係が一気に不穏なものとなる。

## 一気に不穏となった朝幕関係

孝明天皇は、本来、酒（日本酒）好きの、内気で心優しい人物であった。したがって、未曾有の外患（対外関係の緊迫化）が生じなければ、歴史上に名を残すことも無かったであろう。また、幕府が大政委任の原則の下、開国通商を独断で決定していたら、それほど悩まなくても済んだと思われる。
それが、なまじっか、幕府首脳が同意を求めてきた（つまり、天皇の同意を得て、鎖国から開国へ国家体制を大きく変更しようとした）ため、様相がおかしくなった。孝明天皇が大変な責任を感じ、幕府の要請に対し承諾を与えなかったため、けっきょく、幕末期が日本史上でも有数の動乱の時代となった。

アルコール依存症気味

なお、孝明天皇と飲酒との関係で、ほんの少し加筆すると、酒をことのほか好んだ孝明天皇は、大抵いまの午後六〜七時頃から夕食を始め、酒をたしなんだため、食事時間は二〜三時間ほどかかったらしい。そして、天皇の飲酒量はどうやら増える一方だったらしい。自ら招いた強いストレスを酒を飲むことで発散しようとしたためであろう。いまでいう、アルコール依存症のようなところが、孝明天皇にはある。そのためもあってか、天皇の飲した京都の地酒には、三分の一ばかり水が加えられたという（拙著『幕末の朝廷』）。

天皇の譲位意思表明

閑話休題。いずれにせよ、孝明天皇は、安政五年（一八五八）の時点で、幕府の求めた開国通商にただちに同意しなかった。ついで井伊政権が日米修好通商条約に無断で（天皇への断わりなしで）調印すると、さらに天皇は、本来、譲位ができずに終身責任を負う身であったにもかかわらず、周辺の者に対して譲位の意思を洩らした。それだけ、あからさまに侮辱されたと受けとめた天皇の怒りが凄まじく、譲位表明というかたちで、井伊政権に対する抗議の気持ちが一気に爆発したということであろう。

天皇がこうした行動に出たのは、そもそもは、自分の代で鎖国から開国へ国家体制を大きく変えることを認めると、神武天皇以来の歴代天皇の霊に対して申し訳ないとの思いによっていた。また、京都御所が嘉永七年（一八五四）の四月に燃え、避難のため御所外に出た際、生まれて初めて見た民衆の幸せそうな生活を、開国によって劇的に変えることへの「ためらい」も、天皇の逡巡に大いに関係したものと思われる。

## 鷹司政通の危惧

ところが、天皇がこうした状況下にあったにもかかわらず、鷹司政通は開国を是認した。政通が開国論の立場にたったのは、国政は江戸幕府が担当するのが当然だとする考え方に加えて、承久の乱のような事態の再来を恐れたためであった。承久の乱とは、いうまでもなく、後鳥羽上皇が鎌倉幕府打倒のチャンスだと判断して、承久三年（一二二一）に北条義時追討の宣旨を下したものの敗れ、朝廷が北条氏（武家勢力）の前に完全にひれ伏す契機となった一連の騒動であった。

人生経験が豊富で、かつ朝廷全体のことが見渡せる老年期にあった政通は、若い孝明天皇が自分の気持ちに強くこだわる余り、承久の乱のような事態が再び生じることを憂慮したのである。現に、その可能性は急激に高まっていた。孝明天皇が井伊政権にとって、黙認しがたい行動に打って出たからである。

安政の大獄

天皇は譲位の意思を表明する一方で、井伊政権の通商条約無勅許調印を強く非難し、再度条約問題についての評議を命じる勅書（のちに「戊午《ぼご》の密勅」と呼ばれることになる）を、安政五年の八月八日にまず水戸藩に、ついで二日後の十日に幕府に下した。とくに、水戸藩に対しては、島津家などの有力藩や御三家等にこの勅書を伝達するように命じた。改めて強調するまでもなく、これは朝廷と諸藩との直接的な結びつきを禁じていた幕府にとって、とうてい無視できるものではなかった。ここに、「安政の大獄」と称されることになる弾圧が、一橋派に属する藩主や藩士、あるいは公卿・浪士を対象に加えられた。

したがって、鷹司政通の危惧は、けっして杞憂に属するものではなかったのである。ところが、政通の強い憂慮にもかかわらず、若き孝明天皇は自分の怒りを慎めることが出来なかった。彼は、この段階で、生まれてからこのかた初めて鷹司政通に抵抗し、結果的に政通を政治の表舞台から追放することになる。そして以後、天皇は、自分に忠誠を誓う公卿や官人でもって周りを固め、朝廷の主導権を掌握することにほぼ成功する（拙著『江戸幕府崩壊』）。

天皇の突然の死

とにかく、この対立に勝利をおさめて以降、孝明天皇は、幕末史の主役（しかも飛びきり重要な）の一人として活動することになるが、本書のテーマである老病死との関わりで軽視できないのは、やはり、なんといっても、その突然とも見える死であろう。孝明天皇は、慶応二年（一八六六）の十二月末（二十五日）に急死する。そして、天皇の死は、その後の朝廷内に生じた変化の導火線となった。また、この天皇の死に関しては、あまりにも突然の死去であったため、当初から砒素《ひそ》を用いての毒殺説が一部ではささやかれた。

### 孝明天皇毒殺説

毒殺説（その主謀者は岩倉具視あるいは倒〔討〕幕派だとされた）が登場したそもそもの切っかけは、病気の治療にあたった典医らの公式報告書を、額面どおりに信じ込んだことによった。すなわち、報告書によると、疱瘡（天然痘）と判断された天皇の症状は順調に回復に向かい、もはや完全に治癒するまで、あと一歩のところまで達する。が、このあと急変し、天皇は死亡するにいたる。

こうしたことを受けて、孝明天皇毒殺説がささやかれたわけだが、むろん第二次世界大戦前までは皇室をはばかって、この問題は取り上げられることはなかった。状況が一変したのは、第二次世界大戦後のことであった。戦後、公然とこの問題が俎上《そじょう》にのぼされ、ねずまさし氏や石井孝氏といった高名な研究者によって、砒素系の毒物を用いての毒殺がなされたとする説が発表され、多くの支持者を獲得することになる。

### 出血性疱瘡による死

これに対し、戦後公刊された『孝明天皇紀』や『中山忠能日記』といった基礎的な文献に所収されている史料および医学書を用いて、毒殺説を明確に否定したのが原口清氏であった。氏は、論文（「孝明天皇の死因について」他）等でもって、孝明天皇の死は出血性痘瘡によるもの（当初からの悪性の痘瘡によって亡くなった）と断じた。原口氏の研究は、痘瘡がいかなる病気であるかということを医学的知識を吸収して明らかにしたうえでなされた、きわめて精緻なものであり、ここに孝明天皇の死因をめぐる論争は終止符を打ったと見てよい。そして、学界的には、もはや「真相はいまだに不分明である」といった状況下にはない。すくなくとも、私はそのように受けとめている。

ところが、それにもかかわらず、世間一般には、いまでも毒殺説の影響がすこぶる大きいようである。実は、孝明天皇に関する前掲拙著を刊行したあと、国際政治学者（当時、東京大学教授）の山内昌之氏が、週刊誌（『週刊ポスト』二〇〇八年四月十八日号）上で拙著を書評してくれた。その中で、孝明天皇といえば毒殺説がついてまわるのに、私がいっさいそれについて触れていないことへの不満を最後に洩らされた。「天皇の突然の死には毒殺説がつねにつきまとうが著者の説明はない。この点について第一人者の考えを聞きたかったのは私だけではあるまい」というのが、それである。私は思わず苦笑いしたが、世間の関心というものは、いまでも、おおむね、このようなものであろう。

戦後の解放感

なお、ここで例によって若干余談を付け足すと、戦後、孝明天皇毒殺説がマスコミや学界で大きく取り上げられたのには、戦後の解放感が大きく与ったようである。というのは、この問題が取り上げられるようになったこと自体、人びとに、近代天皇制が崩壊して自由にものが言えるようになったのだという、なんともいえない、わくわくした高揚感を味あわせたらしい。又聞きだが、私は、こうした声を確かに聞いたことがある。

それはともかく、孝明天皇の死因についてふれた以上、どうしても避けて通れない問題がある。天皇の死がその後の政局におよぼした影響である。この点に関しては、最近刊行した拙著(『徳川慶喜』〔人物叢書〕)のさわり部分をかい摘んで紹介することにしたい。

## 天皇急死の影響

孝明天皇の死が、巨大な影響(衝撃)を各方面におよぼしたことは言うまでもない。そして、この点については、従来の徳川(一橋)慶喜に関する諸書や論文は、押し並べて慶喜におよぼしたマイナスの影響のみを特筆してきたといえる。すなわち、孝明天皇という巨大な庇護者を失った慶喜が、このあと反幕派の攻勢にたじたじとなり、けっきょくは短時日の内に政権を打倒されるに至ったとの指摘である。

より具体的に書けば、慶喜に対する個人的な信頼が厚かった孝明天皇の死去によって、倒幕派勢力の朝廷工作が容易になり、猛烈な工作が展開された結果、幕府支配が終焉を迎えた(一年足らずの間に大政奉還と王政復古クーデターがおこなわれ、旧体制が打倒された)とする理解の仕方である。確かに、天皇が急死しなかったなら、当分の間、世情は安定したかもしれない。つまり、これほど急激に旧体制の打倒にむかわなかったに違いない。なにしろ、孝明天皇は他の誰よりも現下の体制の存続を願っていたからである。

　しかし、物事はそんな単純なものではない。慶喜にとってマイナスとともにプラス面もあったのである。まずマイナス面であるが、これは、いうまでもなく、最大の庇護者を失ったことによる痛手が当然挙げられる。その最たるものは、朝廷を掌握下におくことで、反幕勢力を押さえこんでいたのが、そうはいかなくなったことである。すなわち、孝明天皇の死は、それまで天皇の監視下、活動を封じ込められてきた反幕派の公卿に、公然たる活動の再開を保証することになった（事実、慶応三〔一八六七〕年の三月二十九日には、朝廷権威の回復をめざして活動したために、どうやら孝明天皇の命《めい》によって処罰されたらしい、反幕派に属した山階宮らの幽閉が免除となる）。そして、これに、やはり反幕派の諸藩士（その代表が薩摩藩の大久保利通）らが結びついて、朝廷の主導権争いが慶喜サイドとの間で展開されることになる。

　ついでマイナス面の二は、孝明天皇の服喪期間が設けられたことによって、慶喜の活動が封じられたことである。慶喜は、当時、ひそかに開国体制への全面的な移行を決断し、天皇に開国の必要性を直接訴えることを予定していたが、孝明天皇の急死によって、時間的なロスを強いられることになった。すなわち、慶応三年の一月二十七日に天皇の葬式がすむまで、動くに動けず、時間だけが空しく経過することになった。

では反対に、プラス面はどのような点に求められるか。それは、やはりなんといっても、ようやくにして通商条約は許してくれた（慶応二〔一八六六〕年十月、孝明天皇は慶喜らの必死の働きかけを受けて条約を勅許した。ただし、京都に近い兵庫港の開港は不可とした）ものの、依然として兵庫開港はかたくなに拒否していた孝明天皇が亡くなったことで、全面的な開国体制への移行がやり易くなったことであろう。

睦仁の取り合い

このように、孝明天皇の急死は、マイナスとプラスの両面で慶喜に大きな影響をおよぼした。さらに書き加えると、このあと、慶喜サイドと反幕サイドの間で、睦仁《むつひと》（のちの明治天皇）の取り合いが始まる。そして、慶応三年の前半期においては、いまだ十代半ばの少年であったため、政治的意思の持ちようがなかった皇太子の存在が慶喜にとっては幸いする。ところが、慶応三年の後半期に入ると、天皇の外祖父で、かつ反幕派の公卿でもあった中山忠能《ただやす》の存在もあって、少年天皇を掌中に握れなくなる。かように、孝明天皇の死は、その後の政局に、きわめて大きな影響をおよぼすことになったのである。

## ㋒島津久光・小松帯刀・西郷隆盛

以上、孝明天皇と鷹司政通を対象に、老病死にまつわるエピソード等を紹介した。つづいて、今度は諸藩サイドに属する人物のやはり老病死にまつわるエピソード等を紹介することにしたい。対象とするのは、私が、ごく近年、取り上げた三名の人物（島津久光・小松帯刀・西郷隆盛）である。なかでも、中心となるのは西郷である。

### 老化とストレス

先述したように、私は数年前に西郷隆盛に関する学術書を出版した。これは、島津久光・小松帯刀・西郷隆盛という幕末維新期の薩摩藩を代表する三人の人物を悩ませた体調不良の問題が、当該期の中央政局にも大きな影響をおよぼしたことを指摘したものであった。そして、いまだ若かった小松を除く、久光と西郷両者の体調不良には、老いの影響（老化にともなう免疫力の低下や、長年にわたるストレスダメージの積み重なりなど）の可能性が大であったことも、遠慮がちに付け加えた。

もとより、こうした類いの問題設定をすれば批判を浴びるであろうことは充分に覚悟して執筆した。客観的にみて、批判しようと思えば、いくらでも、それができる内容だからだ。また、正直に告白すれば、批判はまだしも無視されるのが精々だろうと考えた。しかし、私には、あえて、こうした類いの分析視角を設定したいとの思いがあった。なぜか。これからの歴史研究は、歴史像を深め豊かにするためには、個人の体調や個性など、その人物の内面や心象レベルにまで踏み込んで分析することも時に必要ではないのかという問題意識が、自分の中に、ふつふつと生じていたからである。

### マス・メディアの関心を呼ぶ

そして、この拙著に関しては、本書の冒頭部分でも少しふれたように、思いがけずマス・メディアの注目をあびた。なかでも、日本経済新聞の電子版（二〇一二年二月二十五日）では、拙著の登場によって、「幕末・維新史をキーパーソンの健康状態から読み解こうとする研究が始まっ」たとさえ書かれた。これは、むろん、やや早合点に近い断定の仕方だが、すくなくとも日本経済新聞の記者には、そのように思えたということだろう。さらに、この記者はつづけて、慶応三年に京都の近江屋で暗殺された坂本龍馬が丁度風邪だったとして、次のように書いた。「（龍馬は）用心のため潜伏していた土蔵から暖かい母屋に移っていたことが暗殺者の接近を容易にさせた。歴史に『イフ』はないが龍馬が健康な状態だったら維新史はどうなっていただろうか」。拙著が、こういった楽しげな問題意識を生み出した（派生させた）としたら、歴史研究者の一人として嬉しく思う。

もっとも、歴史上の人物の体調や個性など、その内面に入って分析することは難しい。こちら（分析する）側にそれなりの観察眼が備わっていなければならないからだ。そして、そのためには豊かな人生経験も当然のことながら求められよう。つまり、人間としての十分な成熟が不可欠となってくる。また、対象人物の内面にまで入り込むことは、ややもすれば主観的な分析におちいる（客観性が損なわれる）危険性もあろう。しかも、大いにだ。そうしたこともあって、私からすれば若手に属する研究者の中には、あえて客観性を保つために、研究対象の内面に踏み込まないと、著書等で公言する人物もいる。

『南洲翁遺訓』

確かに一理あるかとは思う。思い込みの激しい人物の手にかかれば、研究対象が酷く歪曲されて描かれる例は数多あるからだ。他でもない、これまでの西郷隆盛伝の多くが、それに該当するだろう。たとえば、熱烈な西郷ファン（信奉者）の手にかかれば、西郷は完全無欠の人格者か、もしくは超人的な英雄にされてしまう。私などは、西郷の有名な『南洲翁遺訓』は、西郷が人間はこうあらねばならないと、自らをも含めて警《いまし》めた教訓の弁と読み解く。だが、西郷ファンは、それを西郷の実態であったと信じて疑わない。有名な「子孫に美田を残さず」とか「敬天愛人」といった言葉も、実態どおり（西郷の人格を象徴もしくは反映している）だと受け取っているようだ。反対に、ごく一部の西郷嫌いは、これ以上ないほど西郷に対して批判的で、ほとんど全面否定に近い。私にすれば、どっちもどっちだと思う。

それはそれとして、以下、西郷隆盛が抱えたであろうストレスと、そのストレスが彼の体調にどのような悪影響をおよぼしたのかという問題を簡単に見ることにしよう。まず西郷のストレス源であるが、最初に指摘しないといけないのは、彼が本来有した気質がストレスを招きやすかったということである。

龍馬の鉦発言

西郷に関しては、一般的には、小さなことには拘泥しない、茫洋《ぼうよう》とした頑健な肉体と精神力を併せ持つ大人物といったイメージが定着しているようである。そして、こういったイメージが形成されるうえで大きな影響をおよぼしたのが、坂本龍馬の西郷評であったといってよい。これは、あちこちでよく引用されるので周知の読者も多いことかと思う。龍馬が師である勝海舟に語ったとされる「少しく叩けば少しく響き、大きく叩けば大きく響く。もし馬鹿なら大きな馬鹿で、利口なら大きな利口だろう」というのがそれである（『坂本龍馬全集』）。

また、幕臣の大久保一翁は、松平慶永に対し、西郷の豪胆ぶり（西郷の肝が太いこと）を伝えたという。これは、江戸城の受け渡し当日、城を渡す旧幕側と受けとる新政府側の緊張が極度に高まる中、用件がようやく済んで関係者が引き揚げようとした際、西郷が見せた「閑暇の有様」に係わる有名なエピソードである。すなわち、西郷は、この時、いつまでたっても帰ろうとせず、その理由を大久保から問われると、「釘隠《くぎかく》し」の数をかぞえていたため、「帰りを忘れた」と応えたという（『逸事史補』）。

### 緻密で論理的な西郷

こういった西郷評や西郷にまつわるエピソード等から、西郷の止めどのない器（度量）の大きさが強烈にイメージされるようになったことは間違いない。が、史実の中の西郷は、世間一般の人びとが抱くイメージとは大きく異なる人物であった。彼は、きわめて緻密かつ論理的な頭脳の持ち主であった。また、ひどく周りに気をつかう繊細な人物であった。

前者の特質は、彼の遺した書簡を読むとすぐに判る。たとえば、配下への指示など、非常に具体的で、よくここまで細部に気がつくなと感心するものが多い。少なくとも、アバウトなところは、まったくない。そして、こうした緻密で論理的な性格が彼の天性といってもよい策（戦）略好きにつながった。幕末期の西郷の動向を追っていると、彼が各種の情報の収集にいかに努めたかがよく判る。西郷はアンテナを張りめぐらし、そこで得られた情報を、その緻密な頭脳で分析し、対策を樹て、ついで、それを実行に移そうとした。したがって、こういったタイプの人間（戦略的思考を重視する人物）であったから、西郷は、あれこれと今後起こりうる事態をあらかじめ想定して対策を講じることをしない人物や藩を、「無策」だとして、ひどく軽蔑した。

西郷のストレス源

もっとも、天性の策謀家・戦略家であったものの、熟慮するあまり過慮におちいり、策を弄しては失敗することもままあった。この点に関しては、拙著（ミネルヴァ本）で具体例を挙げて説明したので、ここではふれない。ただ、ひとつだけ確認のために記しておくと、このような失敗はむろん西郷にとってはストレス源となった。そして、それが重要な問題であればあるほど、ストレスの度合いは当然のことながら増すことになった。

西郷の気質に関連して、さらに指摘できるのは、彼が本来好悪の情が激しい人物だったということである。そして、これは西郷が清廉潔白で不器用な人間であったことに因った。若き日からの西郷の動向を見ていると、彼が感情が豊かで人間味に溢れた人物であったことがよく判る。もっとも、そのぶん、人の好き嫌いも激しくなり、時に敵と見方を峻別し、敵を非常に憎むことにもなった。つまり、西郷は、本質的に好悪の感情が強く、けっして清濁併せ呑む（嫌いな人物や政敵と上手に妥協できる）といったタイプの人物ではなかったということである。

とにかく対人関係において潔癖症気味なところが西郷にはある。そして、これが西郷の大隈重信や井上馨への嫌悪にもつながった。両人とも、西郷の眼には、女性関係がだらしなく、かつ豪邸に住む金権政治家と映ったためであった。とくに、井上馨に対しては、「三井の番頭さん」と揶揄《やゆ》したとの有名な逸話が残されている。いうまでもなく、利権に近づくことに躊躇しない井上馨への、西郷なりの痛烈な批判の言葉であった。

## 井上馨の釈明

なお、ここで、ほんの少し井上馨の弁護をしておきたい。井上自身、自分でも金銭や骨董品・女性に関して卑しいところがあることは自覚していたのだろう。兄事していた木戸孝允に対して、時に釈明することもあった。たとえば、その一つに、明治三年（一八七〇）三月二十日付で木戸孝允に宛てた書簡（『木戸孝允関係文書』二）がある。

井上は、この中で、自分の過去を振り返り、次のように書いた。「外国より帰り今日至一日、人（の）口（は）剣のごとく、生日はさらにこれ無し。しかし暗殺死余の身に候えば、ずいぶん世上人情も無情とあい考え申し候。かようの事など、連綿、夜中など思い出す時は、実に薄命恐縮の心を生じ、愁心深燈また暗くあいなり申し候ゆえ、美人の事など思いだし、気を転じ申し候」。
これは、彼が若き日にテロにあった思い出に関わるものであった。井上は、元治元年（一八六四）、イギリスから急遽帰国して、藩当局に開国の必要を訴えた際、攘夷派の襲撃を受けて、あやうく一命をとりとめたことがあった。そして、この時、全身に受けた刀疵は、その後も井上馨を苦しめたらしい。このことは、井上の大親友であった伊藤博文が明治七年（一八七四）九月十日付で木戸孝允に宛てて送った書簡（『木戸孝允関係文書』一）中に、「世外（＝井上馨）五・六日前より不快。病体は旧刀痕の両側に時々熱気を発し、それに少し風邪の気味」云々と記していることでも判る。井上の身体に残された古疵は、明治期に入っても彼を苦しめ続けたのである。

こうした体験と、それに基づく苦い思いが、井上をして廉潔な西郷の批判をもろに浴びる理由の一斑となる行動につながったのである。また、井上は識見は高邁《こうまい》であり、西郷と同様温情に溢れる人物だったらしいが、毀誉褒貶《きよほうへん》あい半ばする人物にとどまったのも、一つには、こうした側面にもよったのである。

### 気配り、目配りの人

西郷が、周りに気をつかう、気配り・目配りの人であったとの証言はたくさん残されているので、ここでわざわざ紹介するまでもなかろう。そして、これは、むしろ彼が超大物になっていく過程で、より顕著になったといってよい。明らかに格下の者に対しても、他藩（他県）人であれば、ひどく丁寧な言葉と物腰で接するのが西郷の流儀となった。しかし、こうした対応の仕方では、本人がどこまで意識していたかどうかはともかく、神経がやられ、ストレスが大いにたまることになったと想像される。

## 三船敏郎との共通点

ところで、ここまで筆を走らせてきて、ふと頭に浮かんだのは、最近読んだ人物論である（松田美智子「没後十五年　三船敏郎の栄光と、その破滅」）。それは、かつて世界にその名を知られた大スターであった故三船敏郎に関するものであった。本稿には、映画俳優としての三船の演技が導き出された背景に迫る中で、多くの関係者の証言が紹介されている。そして私は、この一連の証言を読むうちに、妙に西郷と重なるものを感じた。

次のような三船の気質・体格や彼の置かれた立場に関わる証言がそれであった。少し煩わしいが、列挙してみたい。「生まれついた潔癖症」「豪放磊落」「生真面目、律義、几帳面さ」、「常人には見られない幅の広さ、大きさ」「（戦争で）一人生き残ったという自責の念」「人への思いやり、気遣い、心配り」「敵は無限に存在していた。しかも、その敵はたいへんに強力で執拗で陰険」「気苦労が多かった上、体力的にもかなり疲労していた」「嘘をつくのがヘタな人間……。不器用とも言えるほど正直に生きている」「豪胆に見える外見とは裏腹の繊細さ」「あれこれ考え（る人物）」「存在感のある人」「一国一城の主」「気の乗らない仕事も（諸々の事情で）引き受け（る）」「血気盛ん」「素晴らしい個性」「それぞれの立場で愛情に満ちた言葉を今も語り継がれる人物」「神経が細い」「いつも周囲に気を遣う」「逞《たくま》しい身体」

私は、一読して、西郷との共通点があまりにも多いのに驚かされた。むろん、両人は、活躍した時代も、その置かれた立場やスケールも違う。こうしたことは十分に承知しているが、それにしても重なる点がはなはだ多いことに興味をもった。なかでも、両人のことを理解するうえで、最も核となる言葉（キー・ワード）は「不器用」であろう。それはおき、三船から、酒乱のエピソードと女性問題をめぐるトラブルを除けば、小さな西郷がそこに存在していたかのような感をおぼえた。要は、こういうタイプの人物は、数はけっして多くはないものの、時をこえて生まれるということであろう。

西郷の壮絶な人生

話を元にもどす。いずれにせよ、西郷隆盛という人物は、もともと性格的にストレスをためやすかった。さらに、これに輪をかけて西郷のストレスを救いがたいものにしたのは、彼の政治活動であった。いうまでもなく、西郷の担った歴史的役割は、きわめて壮大なものであった。貧しい下級武士から身をおこし、紆余曲折のすえに旧体制（徳川政権による全国支配）の打倒に成功し、ついで新生日本の建設に携わることになった。そして、最終的には、「西郷の乱」とも称された西南戦争（一八七七年）を引き起こし、「逆賊」として、その人生を終えた。

こうした波乱万丈の生涯を送った人物が、ストレス等による体調不良（それも酷い）

に見まわれなかったと考えること自体が、むしろ不自然であろう。少なくとも、老年期を迎えた段階で、長年にわたって酷使してきた身体と心が軋《きし》み始めても、いっこうにおかしくはない。

しかも西郷は、いま先程も一寸ふれたように、新たな事態にうまく立ち回れない不器用な性格の持ち主であった。もっとも、こうした面に西郷のえも言われぬ魅力もあるが、当人にとっては、その都度かなりの苦労を強いられることになった。たとえば、幕末期、大久保利通らとともに、対幕強硬派のリーダーとして活躍した際には、対幕強硬路線に猛烈に異を唱える薩摩藩内の反対派の存在に大いに苦しめられた。彼らは藩の存続をとにかく優先する立場から戦争を回避することを強く望んだ。また、内乱が発生すれば、わが国がインドや中国の二の舞を演じかねないことを恐れた。そのため、西郷らの前に立ちはだかったのである（この点に関しては、拙著ミネルヴァ本を参照されたい）。

ただ、この時は、西郷らは思ってもみない幸運に恵まれた。その一つに、島津久光と小松帯刀両人の体調悪化が挙げられる。すなわち、武力倒幕路線を押さえつけられる二人の人物の健康が、偶然、幕末最終段階で極度に悪化した。島津久光は脚気、城代家老の小松帯刀は持病の足痛が、それぞれ酷くなった。そして、このことが西郷らの活動には幸いした。とくに大きかったのは、久光の体調悪化であった。終始、藩の最高実力者として君臨し、西郷への警戒をおこたらなかった久光は、病気の進行による体調不良によって、鹿児島に帰らざるをえなくなった。そのため、慶応三年（一八六七）十二月九日の王政復古クーデターの時点では、幕府を倒すことまでは視野に入れていなかった久光は鹿児島にいた。しかも脚気からくる腰痛が悪化し、藩政にすらタッチしえない状況となった。

他方、徳川慶喜による大政奉還後、武力倒幕路線からハッキリと距離を置くようになっていた小松帯刀も持病の足痛悪化で鹿児島に残留せざるをえず、彼らがともに病気で政争の中心地である京都にいなかったことが、西郷らの活動をやり易くさせたのである。そして、結果的に西郷らの手によって挙兵討幕がなされ、彼らが政局の主導権を一気に掌握するという、彼らにとって得意絶頂の時期を迎えることになる。

だが、それも束の間、明治期に入ると、当然のことながら、権力を掌握したことにともなう困難に西郷は大いにくるしめられることになる。とくに、明治四年（一八七一）に中央政府入りしてからが酷い様相を呈した。彼は、六月二十五日、木戸孝允とともに参議に就任し（木戸は復職）、ついで翌七月六日、長州藩の山県有朋から廃藩の実行が必要だとの意見が提示されると、それを即座に受け入れた。

ところが、このことによって、西郷は彼が深く愛した武士（なかでも薩摩藩士）の存立基盤を奪うことになった。藩が廃止されたため、否応なしに、武士は、その後、新たな職を見つけ、家族を養っていかねばならなくなったのである。そして、これが西郷を苦しめ、彼らの職を確保すべく努めさせることになる。

最大のストレス源としての久光の存在

また、廃藩の決定によって、島津久光の西郷に向けた憎悪が一気に爆発することになる。廃藩実行前に、なんら事情説明がなく、いわば自分を完全に無視したかのような態度をとったと久光が受けとめての怒りの爆発であった。もっとも、これ以前から、久光の怒りと憎しみは西郷に対して向けられていた。戊辰戦争終結後、意気揚々と戦地から引き揚げてきた凱旋兵士が、中下層士族の優遇を求め、それを参政に就任していた西郷らがのんだことによった。すなわち、凱旋兵士の要求を受けて、島津一族および功臣（重臣）の私領地は廃止され、外城士（郷士）が城下士と同格になった。久光は、こうした要求の背後に西郷の指示があると疑い、西郷への反発を強めたのである。

それはともかく、廃藩置県後、西郷は前代にも増して久光の存在に苦しめられることになる。というか、有り体に書けば、久光の西郷に対する攻撃には止めどがなくなり、彼に対し一四カ条にわたって「詰問」する書面を送り届けることになる（『玉里』六）。それは、まず西郷が「主人持ち」つまり薩摩藩士であるにもかかわらず、政府の「高位高官」を「遠慮なく御受申し上げ候心底」を厳しく弾劾するものであった。そして、さらに久光は、「おのれに従う者ばかり登庸し」云々と、西郷が自分に付き従う兵士のみを厚遇していると、その批判の鉾先《ほこさき》を西郷と兵隊の結託に向けた。

いずれにせよ、久光の反発は容易に解消されず、この後も、「西郷など」の昇進を、「自侭の事」すなわち自分の思うままにふるまっている証左だとして、「よほど嫌」った（「道嶋日記」『忠義』七）。これでは、新政府入りしてからの西郷は、神経の休まる暇はまったくなかったといってよかろう。まさに、西郷にとって久光の存在は手に負えないストレス源（強い緊張関係を強いられる存在）となったのである。

その他のストレス源

ついで、西郷のストレス源となったのは、岩倉使節団派遣前から派遣中にかけての政治状況であった。広く知られているように、岩倉具視を代表とする使節団が、明治四年の十一月から明治六年（一八六三）の九月にかけて欧米諸国に派遣される。これは、廃藩置県を実施した直後の政府首脳が、これからの国家建設のあり方を欧米諸国に学ぶために派遣した大使節団であった。そのため、岩倉以外に大久保利通や木戸孝允といった大物が、これに参加することになる。

ところが、当時の政府は、廃藩置県前から政府内に大きな対立を抱え込んでいた。大蔵省と各省との予算をめぐる対立や中央と地方の対立などであった。こうした対立を抱えこんだ政府の留守をあずかることになったのが、他ならぬ西郷であった。彼は、大久保らから強引に頼まれ、留守政府の筆頭参議として舵取《かじと》りをまかされたのである。ついで、使節団派遣後の留守政府は、これまた、よく知られているように、司法省を算の分捕り合戦がさらにエスカレートする。そして最終的には、大蔵省と各省、ならびに各省間で権限をめぐる激しい軋轢《あつれき》が生じた。

こうした中、留守政府内における西郷の動向に関して注目すべきは、彼のはたした役割がいっこうに眼にとまらないことである。留守政府について、しばしば指摘されることの一つに、政治的リーダーシップの弱さがある。すなわち、各省が功績を争って、それぞれ独走気味の改革をおこない、そのため大混乱が生じたのに対し、西郷がリーダーとしてどのような対応をしたのか、その姿がさっぱり見えないのである。そして、こうなるに至った理由として重視されるのが、島津久光から辛辣《しんらつ》な批判をあび、藩地にもどらねばならなかった西郷の立場であった（笠原英彦『明治留守政府』）。

## 西郷の弱点が露呈

むろん、こうした要素（藩に対する帰属意識を断ち切れないでいた西郷の弱さ）は軽視しえないが、それよりも要因として大きかったのは、やはり西郷の実務能力のなさと調整能力の不足であろう。もちろん、その反面、留守政府が分裂しなかったのは、西郷という重しがあったからだが、彼の実務能力と調整能力の不足は、いかんせん、おおいがたいものがあった。つまり、西郷の弱点が、この時点でもろに露呈したのである。そして、このような自分のあり方は、当然のことながら、西郷自身も認めざるをえなかったものと思われる。と同時に、これが彼のストレス源の一つになったと考えられる。

さて、こうした諸々のストレス源が「明治六年政変」前の西郷をして、酷い体調不良状態におとしいれることになる。しかし、明治期に入るまでは、大きなストレスを抱えながらも、西郷の免疫力はいまだ大いにあった。また、大層刺激を好む人物であった西郷にとって、過度であっても、緊張が彼の脳を活性化させた面もあろう。そして、この延長線上に、江戸幕府打倒（旧体制の打破）という彼にとって人生最大の喜びの瞬間が訪れる。

## 朝鮮使節志願

だが、明治期に入り、老年期を向かえると、そうはいかなくなる。西郷は、初老を迎えた段階（四十代）になると体調不全に苦しめられるようになる。そして、このことがはっきりと誰の眼にも明らかになるのが、「明治六年政変」時であった。この年、西郷は、後世の我々からすれば、不可解な行動にうってでる。すなわち彼は、突如、日本の開国勧告を拒み続けていた朝鮮国への使節（開国の承諾を説得するためのもの）に自らが就くことを志願したのである。

西郷が使節を志願した意図をめぐっては、長年にわたって論争（征韓を目的としたか否かをめぐる論争）が続いたが、彼が知人に宛てて発した書簡中に、あたかも死に場所を求めるかのような心境をたびたび記していることは軽視されるべきではなかろう。むろん、これは、西郷一流の韜晦《とうかい》的な表現であった可能性はあるが、素直に受けとめれば、彼の心の中にあった自殺願望（死への志向性）が反映されていると見てとれる。

## 異常な西郷

そうしたことはともかく、この時点の西郷は明らかに異常であった。岩倉使節団が海外に派遣されていた当時、西郷は留守政府内にあって筆頭参議の立場にあった。ということは、先述のような解決を要する多くの懸案事項を政府が抱えていたにもかかわらず、西郷は内政をほったらかしにして突如やみくもに使節を志願したということを意味する。しかも西郷は、自ら手を上げて志願するような男ではなかった。他人に担がれることをよしとした人物であった。そうした彼が、自ら手を上げ、しゃにむに朝鮮使節を志願した。さらに西郷は、朝鮮に派遣されたあと殺害される可能性すら、周りから心配されたにもかかわらず、自身の渡韓後に予想される事態について、対応策（具体的な今後の見通しと、その後の対応についての自身の考え）をいっさい示さなかった。

また、殺害されないまでも、当初から朝鮮との交渉の難航が予想された中にあって、対外交渉に不馴れな西郷がなぜ使節を志願したのか。周りには、その意図がまるで見えなかった。いずれにせよ、西郷は自身の渡韓目的と、渡韓後の見通しについて、公式の場で説明責任をはたすことがまったくなかった。異常なほどの熱意でもって朝鮮使節を志願したこととともに、これは当時の西郷が尋常ではない精神状態にあったことを物語っていよう。
事実、彼は、自身の渡韓が閣議で決定（ただし「内決」）をみたあと、参議の一人として協力してくれた板垣退助に対し、御礼の言葉を述べ、続いて次のように付け加えた。「実に先生（＝板垣退助）の御蔭をもって快然たる心持ち、はじめて生じ申し候。病気もとみに平癒、条公（＝三条実美。当時太政大臣であった）の御殿より先生の御宅まで、飛んで参り候仕合（西郷は板垣に礼を述べるために、わざわざ板垣邸を訪問したが、あいにく板垣は不在であった）、足も軽くおぼえ申し候、……生涯の愉快、この事に御座候」（八月十九日付書簡。『大西郷全集』第二巻）。

こんなに弾んだ調子の西郷書簡は珍しく、全身に喜びが走った結果、一時的に躁状態におちいったと言ってよい。しかし、それにしても不可思議なのは、西郷が傍目にも異常なほどはしゃいでいることである。もし、朝鮮問題を重大な外交問題と受け止め、その解決を真剣に考えていたとしたら、このような喜び方をするであろうか。むしろ、はなはだ困難な交渉が予想される前途のことを考え、暗澹《あんたん》たる気持ちにすらなってもおかしくはない。いくら西郷が自らの交渉力に自信をもっていたとしても、はしゃぎ過ぎの観はいなめない。

また、右の書簡中には、自身の渡韓が決まった喜びで、病気も「とみに」つまり急に治ったとあるが、こんな馬鹿なことはありえない。当時の西郷は、とくに胃腸部分

## 数十回の下痢

に問題を抱えていたらしく、太政大臣であった三条実美と重要な話し合いをおこなおうとした際に、「数十度の瀉《くだ》し方にて、はなはだもって疲労」したために、それが実現できない状況下にあった（この点に関しては、拙著ミネルヴァ本を参照されたい）。

腸は「第二の脳」と呼ばれるほど神経細胞が多く存在している臓器である。そのため、ストレスを強く感じると、それがただちに腸に伝わって腸が活発に動くことになる。西郷は、これ以前から数十回にわたってトイレに駆け込むことがあった。もちろん、細菌性赤痢などによっても、一日数十回のはげしい下痢便に見舞われることがある。が、そうそう赤痢に苦しめられることはないであろう。したがって、西郷の下痢は食あたりや赤痢等によるものではなく、やはり強いストレスや老化等にもとづくものであったと想像される。

## 喫煙の習慣と不潔な居住空間

しつこくなるが、さらに西郷の体調不良を招いた、その他の要因としては、喫煙の習慣と飲酒が挙げられる。いうまでもなく、江戸期の煙草は現代のそれに較べて大変くせのあるものであった。酒も同様に、現代の我々が飲酒するものに較べれば粗雑なものが多かった。すなわち、ともに体にけっして良いとはいえない代物《しろもの》であった。また、彼の住む居住空間が、犬と同居するなど不潔であったことも少なからざる関わりをもったと考えられる。

西郷が大変な犬好きであったことは、周知のとおりである。彼は、高ぶった神経を鎮める手段として、よく猟をした。その際、愛犬をともなった。しかも彼の場合、愛犬を室内でどうやら飼っていたらしい。このことは、明治六年に西郷を訪問した長岡護美《もりよし》（一八四二〜一九〇六。熊本藩士細川斉護《なりもり》の六男で、維新後は新政府の参与に就任した）が後年語った憶い出話（『諸氏談話』二）によって明らかである。すなわち、長岡の見た西郷居室の様子は、次のようなものであった。「六・七畳敷くらいの間、二つばかりあり。その模様は、いわゆる勤番長屋にして、すこぶる不潔を極めたり。畳等は所々敗綻し、坐上二・三頭の犬も雑居したり」。

こうした諸々のことを考えると、私には、体調を崩し、かなり精神的にも参っていた西郷がようやく、この時点で、「死に場所」を見つけ、その安堵感からはしゃいだとしか思えない。このような、明治六年時点での、西郷の一種異様な有様も、彼の心身両面の不調に気づいてこそ、初めて目にとまることであろう。西郷に関しては、とかく彼の頑健な肉体をもつ英雄的なイメージに我々はとらわれ過ぎているように思う。

以上、西郷隆盛を主たる対象として、歴史上の人物の体調や個性など、その内面に、あえて立ち入って分析した事例を簡単に紹介した。要は、歴史上の人物の内面に立ち入ることが是か非かの問題ではなかろう。大事なことは、それが説得力があるかどうかである。

## ㊞三条実美の精神錯乱

明治六年政変時の西郷に話がおよんだ序でに、三条実美の精神錯乱についても若干ふれておきたい。これも広く知られていることだが、西郷の派遣問題がいよいよ大詰めに近づいた十月十八日の未明、太政大臣として最高責任者の座にあった三条が極度の重圧に耐えられず、心身に異常をきたし政務不能状態におちいる。

大久保参議の異議

なぜ、こうなったか。直接的な要因となったのは、参議であった大久保利通の行動であった。すなわち、岩倉使節団に参加して、欧米から帰国したばかりの大久保は、西郷の派遣に異議を唱え、西郷の派遣を最終的に確定するための閣議の開催が予定されていた十月十七日の早朝、三条に参議の辞任と位階の返上を申し出た。これが三条に大きなショックを与え、責任を感じた彼が、西郷を呼び、とりあえず一時的に問題を凍結することを提案したものの、今度は西郷の拒絶にあう。ここに追いつめられた三条が倒れたというのが事の真相であった。

三条実美に対する一般的な評価

ところで、三条実美に関しては、この件もあって、いかにも公卿らしい、軟弱で情けない人物だとの印象が一般には強いのではなかろうか。つまり、口先だけの人物で、いざ危急事態が発生すると、どう対処していいか分らずに人事不省におちいったとの理解の仕方である。そこには、三条に対する好意などは、おそらく、つゆほどもないだろう。そして、これは西郷贔屓の間では圧倒的に有力な見方だと思われる。

ところが、長州サイドから見ると、文字どおり評価は一変する。たとえば、長州藩の大村益次郎などは「平生」、三条実美と木戸孝允と前原一誠の三人を「誉めて」いたという。すなわち、木戸に対しては、「先見のある男ぢゃ」と評価していたらしい。そして三条に対しては、「一言も批（非）難する所はないと云うような風であった」という。さらに、「三条さんは、王子を剝《む》いたような、実に立派な精神のお方であると言うことを始終言」っていたらしい（『大村先生逸事談話』）。

同様の評価は、第一次長州戦争後、太宰府に流謫《るたく》の身となった三条らの護衛にあたった元土佐藩士の土方久元（一八三三〜一九一八）にも見られる。三条は、「玉のごとき……実に精忠の人で、純良無比の善玉」であったというのが、それである（「薩長同盟実歴談」）。三条は立場が異なると、評価も大きく様変わりする人物の一人といえよう。

## 宮中工作

それはさておき、三条の精神錯乱という新たな事態の到来をチャンスと捉え、結果的に西郷の朝鮮への派遣を葬ることになった計画が、その直後に実行に移される。それが、大久保や伊藤博文らによって企てられた宮中工作であった。すなわち、当時、宮内少輔であった吉井友実を通して、宮内卿の徳大寺実則へ働きかけ、徳大寺に天皇へごく内々に遣使延期の上奏をおこなわせることで西郷の派遣を阻止する計画がひそかに樹てられた。そして、十月二十日、西郷の派遣に最終的には大久保と同様に異を唱えることになった岩倉具視が、三条に代わって太政大臣代理に就任することで、西郷派遣の可能性がなくなる。

**明治六年政変**

現に、このあと、西郷は、岩倉に閣議決定どおり、自分の朝鮮への派遣許可を天皇に求める手続きを執ることを要請した。が、それが断わられると、西郷は病気（「胸痛の煩」）を理由に陸軍大将近衛都督兼参議の辞職と位記の返上を願いでて、その後、鹿児島に帰ってしまう。ここに勝敗は決したのである（拙著ミネルヴァ本）。そして、同時期に板垣退助や副島種臣・江藤新平といった有力者が一斉に政府を去ったために、明治政府が分裂するという状況が生まれる。明治六年政変が明治期最大の政変といわれるゆえんである。

このように三条の精神錯乱は、政局にきわめて大きな影響をおよぼした。改めて強調するまでもなく、彼がこうした人事不省の状態にならなければ、かなりの確率で西郷が朝鮮に派遣されることになったと思われる。歴史に「もしも」はないものの、西郷が渡韓していれば、どの道、その後の日本の歴史は大きく変わったことは間違いない。したがって、三条の場合、一個人の精神錯乱として片付けるわけにはいかない。

**胸痛**

さて、三条のその錯乱だが、これが仮病でなかったことは勿論である。そして、こうした状況に三条がおちいるのには伏線があった。明治期に入ってから出された三条実美の書簡を改めて振り返ると、彼がすでに明治初年段階で相当深刻な体調不良状態にあったことが判る。

たとえば、明治二年（一八六九）段階で岩倉具視に宛てて発せられた書簡（『岩倉具視関係史料』上）には、「なにぶん胸痛仕まつり、伏褥《ふくじょく》（＝床につく）の仕合、身体を動かし候事、はなはだ難渋」「とかく胸痛あいすぐれ申さず、はなはだ困却仕り候」とある。また、翌明治三年（一八七〇）五月二十二日付で、やはり岩倉に宛てた書簡（同前）には、「昨日来、咳嗽《がいそう》（＝せき）はなはだしく、平臥《へいが》（＝病気で寝ること）まかり在り候仕合につき、なにぶん勤仕、心底に任かせず」云々とある。

こうした一連の岩倉宛の書簡から窺われるのは、三条が胸部に爆弾を抱えていたらしいということである。さらに遡れば、すでに幕末段階で三条は、この病気にさんざん悩まされていた。このことは、幕末期、文久政変（文久三年の八月十八日に発生した、攘夷派を京都から追放した政変）で京都を追われた三条が、流謫《るたく》生活を送っていた太宰府で、つい先ほどふれたように、彼の身辺警護にあたっていた土方久元の日記を繙けば、一目瞭然である。

なお、慶応二年（一八六六）に三条を診察した医師の前田杏斎（元温）は、三条の症状について次のように記している。「三条公御容体、旧冬よりの御起原にて、当時は御脈細緊、ときどき御脱汗、御遺精、御心下の痙攣《けいれん》はなはだしく、時としては御胸部まで攣痛これ有り。御書御したため、または御長談等成さられ候へば、御労倦《ろうけん》（＝くたびれる）、その夜は必ず御安眠御出来成さられず候」（『忠義』四）。

私は医師ではないので、これ以上ふみこんで病因の特定まではできないが、これによると、三条の胸痛は、そもそもは慶応元年（一八六五）冬期から深刻な様相を呈するようになったらしい。慶応元年といえば、天保八年（一八三七）二月生まれの三条にとっては、満年齢でいまだ二十八歳の若年時であったが、すでに病状は彼の体を相当程度冒していたのである。

### 心筋梗塞・狭心症

ところで、現代の医学によれば、「胸痛」の症状がでた際、まず疑われる病気は心筋梗塞や狭心症であるらしい。心筋梗塞は、いまや世界中で最も多い死因らしいが、発症すると冷や汗をともなう強い圧迫感や締めつけ感のある胸痛が一五分から三十分程度持続するのが特徴だ。すると、三条の場合は、素人眼には、これにかなり該当するように思われる。あるいは、肋膜炎・肋間神経痛・脊椎カリエスなども胸痛をともなうので、これらの病気も候補に挙げられる。もっとも、この段階では、三条は二十代で若かったので致命傷（症）とはならなかったのであろう。

そして、三条の体調不良は、明治二・三年以後も、どうやら解消されることはなかったらしく、彼が倒れる直前まで継続していたようである。たとえば、このことは、明治六年十月二日付で、やはり岩倉具視に宛てた書簡（『岩倉具視関係史料』上）で、連日、体調が悪く、「連々不参」を続けていることにふれたあと、自分の予定を伝えていることでも明らかである。それは、明日の出勤は、伊東方成《かたなり》（幕末の蘭方医であった伊東玄朴《げんぼく》の養子）の診察を受けたうえで決めたいとの伝言であった。したがって、精神錯乱におちいる直前の三条は、あい変わらず体調不良に苦しめられており、それが彼の人事不省に直結したと考えられる。

なお、ここで政変にまつわる挿《そう》話を一つ紹介しておきたい。前述のような宮中工作が画策された際、大久保から黒田清隆（一八四〇～一九〇〇）に対して協力が求められる。そして、これに対し、黒田は、どうやら西郷の身を慮《おもんぱか》って（朝鮮に行けば殺されるかもしれないと心配して）協力したらしい。西郷は、黒田にとって郷里の先輩であっただけでなく、かねてから生死をともにすることを固く誓いあっていた間柄であっただけに、心底西郷の身を心配したのであろう。

## 黒田清隆の煩悶

ところが、大久保や伊藤の画策が成功しそうになると、西郷に対して申し訳ないと後悔の念をおぼえたらしい。それが明治六年十月二十二日付で大久保に宛てて出された書簡（『大久保利通関係文書』三）の中身となる。すなわち、黒田は、この書簡で、大久保らの働きかけを受けて、「奸物らしき所行」をしたことを「やむをえざる事の策」と書いた。これは、黒田が無理やり自分の行為を納得させようとしたものだが、どうにもこうにも自分の気持ちを鎮めきれなかったのであろう。それが「大西郷君へ対し恥じ入る次第」との文章につながった。

黒田に関しては、酒癖がとにかく悪く、のち三条実美から禁酒を命じられる騒動も引き起こしている。また、酒乱による奇行も目立ち、酒に酔った勢いで、妻を切り殺したとの噂を巷《ちまた》で語られるまでに至る（井黒弥太郎『黒田清隆』）。私は黒田のこのような行動の背景に、政変時の苦い記憶が大きく関わっているように思えてならない。黒田は抜群といえる行動力・決断力の持ち主ではあったが、伊藤博文のライバルにはなりえなかった。むろん、これは、思考力といった、その他の両人の資質の差にもよるが、黒田のひどい酒乱の一因が政変時にあったとしたら、西郷の罪も相当大きいといえようか。

偶然が重なる

㋔維新三傑の死

明治六年時につづいて、老病死の問題との関連で取り上げねばならないのは、明治十年（一八七七）と翌十一年である。歴史を研究していると、時に偶然とは重なるものだと思える瞬間がある。それが、この両年時である。明治十年は、周知のように西南戦争が勃発した年である。この年、たまたまだが、木戸孝允が五月二十六日に病死し、ついで乱の首謀者と目された西郷が九月二十四日に城山で自死する。そして、翌年の四月十四日、今度は大久保が赤坂の紀尾井坂でテロリストに襲われて非業の死を遂げる。

この三人は、改めて記すまでもなく、いずれも幕末維新期を代表する人物であった。

それぞれ薩摩と長州の両藩を引っ張って倒幕を達成し、その後の維新（明治）政府内では中心的な役割をはたした。そのため、俗に「維新の三傑」と呼ばれた。そうした人物があい次いで亡くなったのである。

## 明治維新の始期と終期

明治維新に関しては、昔から始期と終期をめぐって論争が繰り広げられてきた。始期については、天保期（一八三〇～四三）とする説と、嘉永六年のペリー来航時とする説が長年有力であった。天保期説は、幕府と雄藩の間で始まった、いわゆる天保の改革が維新に向けての始動となったと解する見方である。そして、改革に成功した雄藩（薩長両藩）と、それに失敗した幕府の運命が大きく分かれたと見なされた。また、この天保期説は、日本人が維新を自らの力で産み出したとする立場にたつものでもあった。これに対し、維新の変動は外圧（外国からの圧力）により始まったと見るのがペリー来航説である。そして現在では、圧倒的に、このペリー来航説が有力視されている。

一方、終期であるが、これには実に様々な説がある。本書ではそれをいちいち紹介しえないが、一番有力なのは廃藩置県説である。これは、明治四年七月に実施された廃藩置県でもって、封建制が一気に廃止されたことを重視するものである。これに対し、ごく普通の人間にとって一番解りやすいのが西南戦争説であろう。西郷隆盛を担いだ鹿児島士族が、政府軍の前に敗れたことで、士族の時代が終わることになったからである。すなわち、西南戦争を機に士族（武士）の特権および士族そのものが消滅することになった。そして、なによりも、いま挙げた「維新の三傑」がこの時期に世を去ったことが、実感をともなって我々にひとつの時代が終わったとの印象を残す。それほど強烈な個性の持ち主の、あい次ぐ死であった。

## 後継者問題の浮上

なお、「維新の三傑」の死によって、後継者の問題が急浮上してくる。当時は、薩長両藩の出身者が圧倒的に国政上における主導権を掌握していたから、この問題はまず長州藩において生じる。木戸が三名の中で一番最初に亡くなったからである。そして、長州藩の場合は、伊藤博文が抜きんでた存在であったため、彼が木戸の後継者として、いち早く受け入れられた。このことは明治十年九月二十九日付で三条実美が岩倉具視に宛てた書簡（『岩倉具視関係史料』上）において、「木戸没し候ては、長州人にては同人の後位を占め候者は伊藤にこれあるべく」云々と認めたこと一つとっても裏付けられる。そして、長州閥は、伊藤をニュー・リーダーとすることで、木戸時代よりも、むしろ国政上に大きな勢力を占めることになる。

## 多病な木戸孝允

本人がさかんに訴えたところでは、ありとあらゆる病気（脳痛・胸痛・歯痛・腫れ物・左足の麻痺等）を患っていた木戸は、明治期にあって、およそ戦力にならない時期が長かったからである。すなわち、多くの病患に悩まされた木戸は、出勤できない日々が多かった。また真面目かつ神経質で、時代の先を見る眼（先見性）があった分、自分の意にそわない政府の現状等に対する不満がことさら強く、しばしば政府内で浮いた存在ともなった。その点で、がまん強く折り合いをつけながら、政策を実現していく調整型の政治家であった伊藤博文の方が、長州閥にとっては、勢力を拡大するうえで、はるかにうってつけの存在であった。

他方、薩摩閥であったが、これは、むろん、西郷が明治十年に死去したあとは、大久保が引っ張るはずであった。しかし、その大久保が翌年に暗殺されると西南戦争によって多くの人材を喪ったこととあいまって、確たるリーダー（西郷・大久保の後継者）が見あたらなくなる。そして、この点で、伊藤を新たなリーダーに担ぐことになった長州閥の後塵を拝することになった。こういう面でも、薩摩閥にとっては、西郷のおよぼしたマイナスの影響はきわめて大きかったといえよう。

## 数奇な運命

㋕なぜ徳川慶喜は長寿を全うしえたのか（長寿の秘訣）

本章の最後に、徳川慶喜がなぜ長寿を保てたかという問題を取り上げることにしたい。慶喜は、日本史上でも例を見ないほど数奇な運命をたどった人物である。江戸幕府最後（第十五代）の将軍に就任し、最高権力者の座についた後、その座から転落し、明治期の大半を一介の私人として生き、最後の最後に復権して公爵となった。そして、大正二年（一九一三）十一月二十二日、数えの七十七歳で重症の肺炎のため没する。

享年七十七は、当時にあっては、かなり高齢での死去であった。

ところで、よくよく考えてみれば、慶喜が当時としては異例に属する長寿を保てたのは、かなり不思議である。彼の前半生は、それこそストレスまみれの人生であった。非常に特異な将軍となった彼には、すこぶる敵が多かったからである。本来ならば無条件に味方となりうるはずの幕府内にまず多くの敵が存在した。上は幕閣（老中）・大奥女性から、下は旗本・御家人クラスまで、その数は真に多かった。

## 劇的な形での没落

これは、彼の実父である第九代水戸藩主徳川斉昭が幕府政治に介入して以来、生じたものである。すなわち、斉昭の幕政への介入は幕府の実権を奪うためのものだと解釈された。そして、ペリー来航後に始まった、いわゆる将軍継嗣運動（「暗愚の君」と見なされた第十三代将軍徳川家定のあとに、優秀な人物を就かせようとした運動）で、慶喜の名前が有力候補として取り沙汰されると、幕府内の反発はいっそう激しくなった。斉昭に、慶喜を次期将軍とすることで、天下の実権を握ろうとする野望があると噂されたためであった。

ついで彼が、将軍後見職や禁裏御守衛総督として政治の表舞台で活躍し始めると、その政治手法がかなり強引であったことも手伝って、幕府外にも少なからざる数の敵を持つことになる。やがて、その最たる存在となったのが大久保利通や西郷隆盛ら薩摩藩内の対幕強硬派であった。そして、最終的に、彼らによって「朝敵」にされ、前半生を劇的な没落という形で終える。

## 長い隠居生活

さて、こうした、権力の絶頂期から一気にすべり落ちた人物の場合、殺されるか、殺されないまでも短命で終わるのが普通であろう。が、慶喜は違った。彼は、三十歳そこそこで政界から引退したあと、四十数年という、真に長い隠居生活を送って、無事、畳のうえで大往生を遂げたのである。それは、どうして可能となったのか。これから、ごく簡単ではあるが、その理由の一斑を探ってみることにしたい。

つい最近、私にとって三冊目となる慶喜本（吉川弘文館から刊行されている人物叢書の内の一冊）を上梓した。その原稿を執筆する過程で、改めて気づかされたことがある。それは、明治期の慶喜を支配したであろう根本的な気分に関わるものである。

明治期の慶喜については、随分、長い間、彼が自分を権力の座から追い落として成立した近代天皇制国家に対して、強い抵抗意識を抱き続けて生きたとの評価が有力であった。実は、これは、なんの根拠もない推測にもとづく評価であった。権力欲の強かった慶喜なら、おそらく、そうであったに違いないというわけである。

ところが、本書の冒頭部分でも若干記したように、私自身が、それなりに死の恐怖に直面して初めて気づかされたことが出てきた。よく知られていることだが、慶喜は、鳥羽伏見戦争後、旧幕臣や会津・桑名藩兵らを大坂城に置き去りにして江戸へ逃げ帰った。この「敵前逃亡」にも等しい行為が、後世での彼の不人気（悪評）を決定づけたことは言うまでもない。そして、明治期の慶喜は、頑《がん》として、この時の事（心）情を吐露しなかったため、彼の行為は、将軍の座にあった人物に相応《ふさわ》しくない卑怯な行為として、国民の間に定着した。そして、これが教科書とか映画とかドラマとか小説、そういったものによって繰り返し国民の頭に刷り込まれていった。

幕末史上最大の悪役

そのため、徳川慶喜は、いまでも国民的人気のある歴史上の人物とはけっして言えないだろう。いやむしろ、幕末史上最大のヒール（悪役）の一人と位置づけられているかもしれない。現に、平成二十五年（二〇一三）に放映された、ＮＨＫの大河ドラマ（『八重の桜』）では、自分の目的のために平気で人を利用したり、だましたりする、実に嫌な人物として描かれた（対称的に、純粋で善良な好人物として描かれたのが、会津藩主の松平容保であった）。

もっとも、このような中、案外、徳川慶喜に対して高い評価を与えたのが、作家の司馬遼太郎である。氏は、明治維新の一番重要なポイントは、武士身分が廃止されたことだと見た。そして、こうなるに至った根本を押しつめていくと、慶喜が慶応三年（一八六七）の十月におこなった大政奉還にたどりつくと、高評価を与えたのである（『「明治」という国家』）。

確かに、冷静に判断すれば、この時点で慶喜が大政奉還という誰もがびっくりした英断に踏み切ったことで、わが国が内戦の危機をまぬがれたことは事実であろう。すなわち、このことによって、西洋列強の介入と、その後の日本の植民地化が防がれたといえる。そして、この点にこそ、徳川慶喜の日本史上にはたした最大の貢献が認められ、評価されて然るべきであろう。

死の恐怖の深さ

しかし、こうしたことはさておき、私自身が死の恐怖に直面して改めて気づかされたのは、江戸に逃げ帰ったあとの慶喜の死の恐怖の深さと、そこから解き放された後の安堵感の大きさであった。慶喜は、彼自身は当然知るはずはなかったが、江戸へ逃げ帰る途中の時点で朝敵となる。鳥羽伏見戦争勃発直後の一月四日、議定兼軍事総裁の嘉彰《よしあき》親王が征討将軍に任命され、同親王に錦旗節刀が与えられる。ついで慶喜の官位を奪うことが朝廷から宣告され、彼は朝敵となった。こうした中、一月六日暁に大坂城を脱出した慶喜は同月十一日に開陽丸で品川（現浜離宮）に辿り着き、つづいて翌十二日早朝上陸して江戸城に入る。そして、江戸城に入った彼は、食事も摂らずに幕臣からの意見聴取を終日続けた。

隠居の意思を表明

なお、この時、意見を言上した幕臣の多くは、軍艦を大坂に派遣して反撃に転じようとか、敵兵を箱根で阻止せよといった主戦論を提唱した。しかし、慶喜は、これらの意見に同調せず、一月十七日以降、さまざまな媒体を通じて隠居の意思を表明し、併せて朝廷へ救解を乞うことになる。すなわち、自分の心情を切々と訴え、朝敵処分解除に向けての助力を関係者に求めた。

### 慶喜への切腹の勧め

この時、慶喜から協力を求められた人物に静寛院宮（第十四代将軍徳川家茂の正室。もと和宮）と天璋院（第十三代将軍徳川家定の正室。もと篤姫）がいた。彼女らは、ともに慶喜嫌いであったが、どうやら、この時、二人は、慶喜の妻（美賀子）を介して、慶喜に切腹を勧め、それを慶喜が断るという一幕があったらしい（拙著『徳川慶喜』〔人物叢書〕）。

要するに、慶喜に対して極めて冷淡であった二人の女性は、慶喜が自決することで徳川家が存続できる途《みち》を探り、それがこうした提案となったらしい。成程、慶喜が責任をとって自決することが徳川家の存続を図るうえで、なによりも手っ取り早い対応策であったろう。しかし、慶喜はそれを嫌だと言って断わったらしい。慶喜に好意的な見方をすれば、自分は朝敵に該当しないとの思いが自決の拒否につながったと解せる。だが、ほんの少し前まで武家の棟梁であった人物の対応としては、いかにも潔くないとの印象が残る。

### 慶喜が直面した死の恐怖

さて、ここからが本題であるが、私は死の問題に多少なりとも真剣に向き合うようになるまでは、この時の慶喜が直面したであろう死の恐怖を理解してはいなかったと、告白せざるをえない。この段階の慶喜に対しては、大変な策略家であると見なしていた官軍関係者の間に、死罪を求める意見が強かった。たとえば、そうした人物の中に大久保や西郷がいた。彼らは、幕末最終段階にあって慶喜により何度も苦境に立たされた。そのような苦い経験を直近まで味わされた大久保らは、他の誰よりも慶喜のいち早い処刑を望んだ。

それが諸々の事情で押しとどめられ、慶喜の死一等減（死罪を免じる）と、水戸への退去ならびに同地での謹慎が明らかになるのは、慶応四年（一八六八）四月四日のことであった。すなわち、この日、東海道先鋒総督の橋本実梁《さねやな》が、西郷隆盛らを引き連れて江戸城に入り、このことが告げられる。慶喜が朝敵となってから、ほぼ三カ月後のことであった。

## 安堵感・解放感

私は、もちろん、こうした史実は以前から知ってはいたが、これまでは、この三カ月のあいだ、慶喜が毎日、死の恐怖におびえ続けたであろうことにまでは思いが至らなかった。少なくとも皮膚感覚で感じ取ることは出来なかった。しかし、程度は大きく異なるものの、同様の体験（命の大切さに敏感となる）をすることで、この間の慶喜の気持ちが、ほんの少しではあるが理解できたように思う。

適切な表現（比喩《ひゆ》）かどうか判らないが、慶喜がこの時感じたであろう「助かった」という安堵の念は、いってみれば、一度、病名は癌で余命は数ヵ月であることを通知された者が、その後、誤診であることを告げられた際の気持ちに通じるものがあるのではなかろうか。いずれにせよ、こうしたことが、しみじみ判ったことは、私の歴史研究者としての成長につながったという点で、真に有り難いことだと思う。

## 趣味の世界に没頭

この点を踏まえて初めて解ることがある。明治期の慶喜は、政治的な野心の類をまったく持っていないことを周囲に示す必要もあったのであろう、ひたすら趣味の世界に没頭した。それは、すこぶる幅の広いものであった。主なものだけに限っても、狩（銃猟、鷹狩、投網、弓道、乗馬、写真、絵画（西洋画）、謡《うたい》、能、刺繍、囲碁といったものが挙げられる。普通、趣味といえば、内向的な性格か外交的な性格かによって、大きく二分されるのが常だろう。だが、慶喜の場合は、その垣根がないのが大きな特色である。

もともと子供時分から、「戦《いく》さゴッコ」など体を動かす遊び事が好きであった慶喜が、狩猟や弓に精を出したのは不思議でもなんでもない。また、実際、健康で活発な子供であった彼は、勉強（学習）より運動が得意だったらしい（遠藤幸威『徳川慶喜残照』）。そして、慶喜が体を使う趣味に精を出した理由の一つとしては、彼が当然敬愛していたであろう徳川家の始祖徳川家康が、若いころから乗馬や水泳・鷹狩に勤《いそし》んだことなども大いに関係したかもしれない。

家康は、徳川家の公式記録である『徳川実紀』によると、体を鍛えるため、かなりの高齢に至るまで、乗馬や水泳・弓などの稽古に明け暮れている。ところが、慶喜は、その家康とは違って、囲碁や刺繍といった室内でおこなう趣味にもたっぷり時間を費やした。趣味の分野ではマルチ人間であったのである。そして、彼の趣味の世界に概して共通したのは、ある程度のレベルに達する（免許皆伝に近いほど究める）と、惜しげもなく、それを捨て去り、新たな趣味の世界に転じたことである。

ところで、慶喜が趣味の世界に走った背景として、先程も指摘したように、彼の反近代天皇制意識との関わりを重視する向きもあった。つまり彼の鬱屈した気持ち（無念の思い）が、こうした多用な趣味の世界に（ストレスを発散させるために）向かわせたとの解釈の仕方である。しかし、私にはそうは受け取れない。おそらく、生命がつながったことの有りがたさを骨身で感じたであろう慶喜は、その分、明治期の大半を、葛藤をそれほど感じなくて生きられたのではなかろうか。

## 行動の自由

これは、ある画家がテレビで語っていたことだが、先の大戦（第二次世界大戦）に一兵士として従軍した際、なにが最も辛かったかといえば、自由がまったくなかったことだという。想像するに、その通りだと思う。そういう点では、明治期の慶喜には、パーフェクトな自由こそなかったものの、趣味の世界にどっぷりと浸かれる自由はあった。つまり、政治的発言をなすなどの自由は、もちろんなかったものの、前半生では、とうてい考えられなかった行動の自由は得られた。この解放感と、その有りがたさは、おそらく本人にしか判らないものであったろう。

それに、よくよく考えてみれば、慶喜の前半生はいってみれば他人によって創られたものだった。つまり、自分の意思で決定できたことはごく少なく、大部分は様々な人間が敷いたレールの上を走り抜けたようなものであった。その点で、むしろ、後半生の方が、彼にとっては主体的に生きられたと思われる。すなわち、凝性《こりしょう》で、一つのことを始めると一心に、それにのめりこむ性（体）質の慶喜にとって、おのれの思うがまま、趣味の世界に没入できた後半生の方が、はるかに幸せであったように見える。

反天皇制的な考えはもたず

私が、明治期の慶喜に対して、反政府的な臭いを感じないのは、こうした彼の心情を汲みとれたからである。事実、明治・大正期の彼は、反天皇制的な考えを、もうとう抱いてはいなかった（この点に関しては、拙著『その後の慶喜』を参照されたい）。また、近年公開された慶喜晩年の写真（六十九歳時点のもの）には、「人好きのする」微笑を浮かべたものもある（戸張裕子『微笑む慶喜』）。

いずれにせよ、慶喜は趣味の世界に喜んで没入し、そのことで長い隠遁生活で時に生じる退屈という名のストレスを発散しえたと思われる。そして同時に、適度に体を使うことで、健康（体力）の維持も可能になったといえる。しかも、彼の場合、いま残されている写真を見ると、狩（銃）猟をする際には、当時の最新ファッションに身を包んで出かけることもあったらしい。要するに、富士山をのぞむ景勝の地（静岡）で、おおむね穏やかな天候の下、おしゃれもレジャーも、ともに楽しんだだろうということである。さらに加筆すると、この必死・奮闘といったこととは正反対の余裕のある生き方が、慶喜に長命を保たせ、一人の人間としての成熟をもたらしたのではないかと、いまの私は考えている。

## 酒井忠以の驚くべき多趣味

なお、慶喜が多趣味であったこととの関連でさらに書き足すと、平和な時代もしくは平穏な状況下にある人物の中には、ときどき、思いもかけないほど広い趣味の世界を持つ者が現われる。たとえば、姫路藩主の酒井忠以の趣味(「遊ばされ候御芸事」)は、「弓術・馬術・槍術・薙刀・剣術・柔術・居合・学問　天文・手蹟・焼刃・歌・連歌・俳諧・茶・画・生花・香・能・蹴鞠・書法・鉄砲・棒・鉄物細工・衣紋・鎌・故実・楽・琴・碁・将棋・尺八・三味線」におよんだという(『姫陽秘鑑』〈『姫路市史資料叢書』一二〉)。

酒井忠以は、江戸中期の宝暦五年(一七五五)から寛政二年(一七九〇)にかけて生き、若くして(三十代半ば)亡くなった人物だが、それにしても驚くべき趣味の世界の広がりである。さすがの慶喜も、この殿様には少々負けているような気もするが、忠以は江戸中期という平和な時代、慶喜は政争の場から遠く離れた環境が、それぞれ、こうした趣味の世界に入り浸ることを可能にさせたと考えられる。

それはおき、慶喜の趣味との関わり方を見ていると、びっくりするほど彼が本来持っていた個性が鮮明に浮かび上がってくる。たとえば、その一つに、慶喜がタブー(禁忌)と縁遠い人間であったことが挙げられる。以前、私は、慶喜が大晦日であろうが、正月三が日であろうが、気が向けば狩（銃）猟や鷹狩に勤しんだ事実を紹介したことがある（『その後の慶喜』）。そして、これは、穢《けが》れといった類いの観念が慶喜の中に乏しかったことを示すものだとも書いた。

## 「豚一」

もっとも、その際、慶喜が豚肉を好んだことが、その一つの証左になるとも記したが、これは、いまとなっては若干訂正しておきたい点である。慶喜が、幕末時の一橋時代から豚肉を好んで食したことから「豚一（＝豚肉を好んで食す一橋）」と、あだ名されたことは広く知られている。そしていうまでもなく、江戸期の日本人は、それほど獣の肉を食べなかった。おろらく、一部には、薬食（病後の滋養食）といって肉食をした人たちもいたであろう。だが、圧倒的に多くの人びとは穀物中心の食生活であった。

これは、ごく普通の説明では、獣肉を穢れていると教えた仏教の肉食禁忌の思想の影響によるとされる。しかし、必ずしも、そのためばかりではなかった。江戸期の日本人は、勤勉な労働と温暖な気候によって、多くの米穀を収穫でき、かつ四方を海で囲まれていたため魚肉にも恵まれた。

江戸期の医学書や養生書である『病家須知』や『養生訓』などを丹念に読むと、この時代の日本人が実に豊かな食生活を送っていたことが判る。いささか煩わしいが、紹介しておきたい。江戸期にあっては、肉食とは魚と鳥を食すことを指した。そして、これがすこぶる多種におよんだ。
たとえば、魚では、海のものとしては、鯛《たい》・黒鯛・甘鯛・あなご・烏賊《いか》・章魚《たこ》・河豚《ふぐ》・鰹《かつお》・鮪《まぐろ》・鯖《さば》・鰤《ぶり》・飛魚《とびうお》・鰯《いわし》・鰈《かれい》・魳《かます》・蟹《かに》・海老《えび》・鯨《くじら》・貝類などが、川のものとしては、鮭《さけ》・鯉《こい》・鮒《ふな》・鯰《なまず》・白魚《しらうお》・蜆《しじみ》・鰻《うなぎ》・泥鰌《どじょう》・鼈《すっぽん》などが、挙げられる。また、食用の対象とされた鳥は、鶏《にわとり》・鴨《かも》・雉《きじ》・鶉《うずら》・家鴨《あひる》・雀《すずめ》・鶫《つぐみ》などであった。

米穀以外に、これだけ豊かな食材が身の周りに溢れていたのだから、なにも獣の肉を食さなくても済んだのである。それが江戸期の日本社会であった。ついでに、江戸期の日本人が食した獣の肉がなんであったのかも紹介しておきたい。それは、牛・豚・鹿・猪を中心に、少々変わったところでは兎《うさぎ》や獺《かわうそ》などが含まれた。

## 武家・都会人と肉食

さて、こうしたことを念頭において、次に、では、いったい、いつ頃から多くの人びとが獣の肉を食するようになったのかという問題の検討に入りたい。この点を解明するうえで参考になるのは文久二年（一八六二）に「加茂隠士」の名前で京都市中に張り出された「帳紙」（『玉里』二）である。この中に、「近来、武家等、好んで肉食する人多し、これは実に忌むべき事なり」とある。また、「日本にても獣を食するは大都会の地ばかりにて、辺国（＝田舎）はいまだ、その機に遷（＝移）らず」とある。さらに、「都会の地といえども、町人が穢《けが》れとして、これ（＝獣肉）を食せず、ただ武家あるいは相撲取・男伊達《だて》（＝侠客《きょうかく》）等のようなる者ばかり、これを食す」とある。

これによると、どうやら、幕末期になると、武家層を中心に肉食する者が京都などの大都会では多く見られるようになったらしい。反面、この張紙中に、「鹿肉を食えば穢るるゆえに、四十日の間は神仏を拝する事ならぬなどと云うなり」とか、「血をすすり肉を食する」のは、「夷族（＝外国人）」の習《なら》（慣）わしで、「人面獣心を免がれ」ないなどと書かれていることからすれば、一般民衆の多くには獣の肉を食すのはひどく穢らわしい行為だと受けとめられていたことは間違いない。

## 豚食の拡がり

ただ、右の張紙中にもあるように、支配階級である武家の間や地域によっては、豚肉などを食することとは、けっして穢らわしい行為とは、もはや受けとめられなくなっていたようである。たとえば、薩摩藩などでは、幕末期、豚肉を加工した食品は藩主の贈り物として最上級に位置づけられたらしい。この点に関して、秀れた藩政史家の一人として明治期に活躍した旧薩摩藩士の市来四郎（一八二八〜一九〇三）は、次のように証言（『忠義』三）している。

煙豚は一名ラカンと唱う、琉球において豚肉を薫し製したるものなり。塩豚も同じ。内地の塩漬と異なり一種漬法あり。ゆえに、その味、美なり。これを一産物とし、藩主の贈品中の最なるものなり。

豚肉をよく食した薩摩藩士

こうしたことはともかく、薩摩藩士がよく豚肉を食したことは事実である。たとえば、土方久元の日記（『回天実記』）の慶応三年三月六日の条には、薩摩藩の陣営を訪ねた土方が「豚汁」をご馳走になったとの記述がある。したがって、このような諸事実から判断すると、慶喜の肉食（なかでも豚食）は、彼にとって、むろん「禁断の味」などではなく、もはやごく普通に受け入れられる食事となっていたものと想像される。ただ、いま先程挙げたように一般の民衆はそうではなかった。そのため、慶喜の豚肉好きは、ただでさえ民衆に好感をもたれてはいなかった慶喜であったがゆえに、いっそう民衆の反感をかう材料になったと評せる。さらに、長寿との関わりでいえば、慶喜が豚肉を好んで食したことで、良質のたんぱく質やビタミン類がとれ、それが彼の長命につながった可能性はあろう。

慶喜の衛生観念

慶喜の豚食について話がおよんだので、ここで彼の食生活全般についても、さらに少し加筆しておきたい。慶喜という人物が、他の為政者クラスと大きく異なるのは、自身の食生活に関して細心の注意を払ったらしいことである。そして、その一環として、傍目《はため》には極端に見えるほど、慶喜は衛生面に配慮した。彼の衛生観念がいかに強かったかについて、よく語られるエピソードがある。それは、慶喜が狩猟に出かけた際など、「お付き」の者が医者が検査した水を持って同行し、休息した村長宅などで供された豪華な料理などには、いっさい手をつけなかったという類いの逸話である

(『徳川慶喜残照』)。

これは、むろん、彼が毒殺を恐れたためではなく、衛生観念が強かったためであった。そして、健康に気を配った慶喜は、晩年になると意識して淡白な食事を摂るようになった。もっとも、淡白な食事とはいっても、庶民のそれとは大きく違った。慶喜は、鯛・平目《ひらめ》などの白身魚や鰹などの青魚、それに雲丹《うに》・海鼠《なまこ》・鶏卵の半熟などを好んで食したという。また、香物(漬物)も塩分が多いので、取りすぎないように気を付けたらしい。さらに、酒も若い時分はかなり飲んだらしいが、晩年は極力控え、薬草を酒に浸した保命酒や少量のぶどう酒を晩酌にしたとされる(篠田前掲書)。すなわち、慶喜は、生涯にわたって、きわめて理に適った健康的な食生活を送ったといえよう。そして、これが、年齢相応に体力を鍛えた(体力が衰えると、矢場での弓の稽古などに変えた)こととあいまって、彼の長寿につながったことは間違いない。

## 並外れた好奇心

つづいて、慶喜の長寿が可能となった、その他の理由も考えてみたい。そのまず第一に挙げられるのは、やはり彼の性格(キャラクター)との関わりであろう。私が、慶喜のことを長年調べていて驚かされるのは、並外れた好奇心の持ち主であったことである。彼は、不思議なことに、実父の徳川斉昭が尊王攘夷思想の本家本元と崇《あが》められた人物であったにもかかわらず、若い時分から、こうした思想とは距離を置いていた。そして、私の理解したところでは、慶応二年(一八六七)に徳川家を相続した時点で、日本を全面的な開国体制に転換しようと決意する。そして、これが、まもなく幕府単独での兵庫開港の勅許要請となった。ついで天皇が新しい国家の君主に就き、その天皇のもと欧米諸国と対峙できる国家の創設が避けられないと見てとり、大政奉還という誰もが思ってもみなかった決断を下すことになったのも、この開国論にもとづくと考えている。

### 開国思想に目覚めた理由

では慶喜が開国思想に目覚めたのは、どうしてか。おそらく、好奇心がひと一倍強かったがゆえに、アンテナを張りめぐらす中、西洋文物の優秀さを認められるようになったためであろう。これは、現代人にとっては、別に大したことではないように見えるかもしれない。しかし、外国の情報や文物が、いまと違って格段に入手しがたい鎖国下にあっては、やはり特異なケースであったと言わねばなるまい。それだけ、慶喜は柔軟な頭脳と感性の持ち主であったということか。換言すれば、現実に柔軟に向き合うことの出来る人間でもあったということである。そして、これが、いま先程あげた大政奉還にもつながったといえる。つまり、幕府の実力低下を冷徹に見つめた結果、もはや幕府が全国を支配することは不可能だと認識し、それが大政奉還になったということである。

それはさておき、慶喜は、西洋文明に対する確固たる信頼をすでに有していた分、明治期に入ると、西洋の文物のみならず食品等に至るまで、日本人としては最も早い段階でそれらを受け入れた。文物でいえば、自転車や電話、蓄音機、自動車などは、日本に入ったばかりの頃に購入している。またバターやコーヒーの摂取などでも同様のことがいえた（ちなみに記すと、バターやコーヒーが日本人の食卓に本格的にのぼるようになるのは、第二次世界大戦後のことである）。

このような、好奇心が強く、良いと思ったものはなんでも即刻取り入れることの出来るタイプの人間に、長寿者が多いことは、よく知られている。適度の、しかも良好な刺戟がもたらされ、それが脳を活性化させるためである。それになにより、文明の利器は体に優しいし、西洋の食品は、それまでの日本人が知らず、かつ摂取できなかった、新しい味覚や栄養素に富んでいた。

## 慶喜の冷たさと鈍感さ

最後の最後に、慶喜に長寿をもたらした、いま一つの要因と考えられるものを挙げておきたい。それは、皮肉なことだが、慶喜の柔軟な対応や開明性と裏表の関係にあったものである。彼固有の冷たさとある種の鈍感さである。私は、慶喜に関する三冊目の著作を執筆する過程で、これまた気づかされたことがあった。それは、慶喜には、良く言えば執着があまりないことからくる思いきりのよさがあった反面、他人に対して著しく優しさ（配慮）を欠く面があったということである。たとえば、先程あげた大政奉還にしても、徳川家が政権を朝廷に返上することは、多くの幕臣が職を失うことに当然なった。が、慶喜がこうした点を考慮したらしい跡は見つからない。すなわち、失職した幕臣の今後のことを真剣に考えたとは、どうも思われないようなところが慶喜にはある。そして、もちろん、こうしたクールな性格の持ち主であったからこそ、大政奉還が決断できたことは間違いない。

また、慶喜には一般大衆への配慮が生涯を通じて著しく欠けている。少なくとも、為政者として世論の支持を失うことを避けようとするような姿勢は微塵もない。これは、慶喜の選良（エリート）意識と愚民観によったのかもしれない。つまり、自分のような高貴な身分に生まれ、かつ政治家として秀れた能力を有するものが、皇国を代表して政治を執り行なうのは当然だとする考え方である。こうした考え方にたてば、民衆の存在が軽視されるのは自然なことであったろう。しかし、この為政者としては救いようのない鈍感さが、慶喜をやがて滅亡においやる一因となったことは否めない。

なぜなら、幕末期（とくに文久期から慶応期）を生きた民衆は、物価の高騰に苦しめられた。物価高騰は、貨幣改鋳（悪）による通貨量の拡大、交易の開始による生活必需品の海外への流出、天候不順、両度にわたった長州戦争にともなう幕府・諸大名・商人らによる米の買占め等々に因った。それが、慶応二年（一八六六）五月頃から、大坂・兵庫・江戸・秩父など全国各地での民衆騒擾の発生につながった。

ところが、不思議なことに、慶喜がこうした問題に心を痛め、真剣に向き合おうとした痕跡はない。民衆の声に耳を傾けようとはせず、ひたすら、自分の関心と論理で、ことを進めようとした姿しか見られない。こうした慶喜のあり方と対称的だったのは長州藩であった。同藩は、いち早く民衆を救済する活動の重要性に気づき、多少なりともそれに従事した（攘夷の実行や施米《ほどこしまい》の実施など）。そのため、長州藩は一般大衆の人気を博することになる。これに対し、そうした配慮をいっさい見せなかった慶喜の民衆間における不人気には、目をおおうばかりのものがあった。いずれにせよ、大きな視野に立って眺めると、慶喜は、おのれのこの鈍感さによって、自らの首を絞めることになったと評せよう。

もっとも、これまで、周りの人びとに対してこまやかな気配りの出来る人物があい次いで亡くなった（早死した）ことを個人的に知る私には、慶喜のこの鈍感さが、彼の長寿につながったのではないかとの思いが残る。歴史研究が時に教えてくれる苦さでもある。

# 第Ⅱ部　地域指導者と民衆の老病死

これから、近世後期に生きた地域指導者の日記を介して、ごく普通の日本人が直面した老病死の問題を取り上げることにしたい。その地域指導者とは、北九州（小倉）地域の大庄屋職を務めた中村平左衛門（一七九三～一八六七）である。そして、この中村平左衛門の日記を補うかたちで、やはり小倉藩の大庄屋職を務めた小森承之助（一八五八～一八七五）の日記を、適宜参照することにしたい。

冒頭部分でも記したように、本書の核をなすのは、この第Ⅱ部であるが、具体的な記述に入る前に、まず留意点を二つ提示しておきたい。その一は、中村平左衛門個人のことのみならず、彼の家族や地域住民の動向にも話がおよぶことである。その二は、老病死の問題をもちろん視野に入れての記述となるが、取り上げる対象はそれに止まらないことである。すなわち、地域住民の生活全般を考察の対象にしたい。これは、第Ⅰ部でもふれたように、老病死の問題は、それ自体が個別に存在するのではなく、地域住民の日々の生活全体と密接に、しかも複雑に絡み合っているからである。したがって、彼らの日常生活そのものを多面的に取り上げることで問題の本質に迫ることにしたい。

平左衛門の誕生

　さて、その中村平左衛門であるが、この人物は一七九〇年代の初めにこの世に誕生した。そして、当時にあっては長寿を保った。なお、これから徐々に明らかにするように、平左衛門の前半生は、江戸期の社会が抱えた矛盾が露呈する過程であったが、それでも、いまだ平和な段階であった。そのため、江戸後期の地域住民が直面したであろう老病死の問題にまつわる特色が、逆にかえって鮮明に浮かび上がることになる。

　ところが、平左衛門の後半生（晩年）になると、幕末段階に突入したため大きな変化が訪れる。いわゆる「外圧」に端を発する幕末期的状況が到来する中、彼の生き方も、それに大きく規定されることになる。もっとも、平左衛門は、幕末当時、すでにかなりの高齢に達していたこともあって、政治問題に格別大きな関心は払わず、むろん尊王攘夷運動のような政治運動に参加することもなかった。

　彼は、若い時分（二十代）、一応、尊王思想につながる歴史書の講釈を神官から受けている。『日本紀』など、俗に「神書」と称された書物の講釈である（『中村平左衛門日記』の第二巻。文化十五年四月二十一日条。以下、日記の巻数のみを記す）。しかし、当時の地域指導者の圧倒的大多数がそうであったように、平左衛門は、国政にかかわる問題は為政者（武士）が担当すべきで、自分たちが口出しするものではないと考えていた。この点で、国学の影響を受けて尊攘運動に加わった、彼よりうんと若い世代とは大きく異なった。

個人的な感想は記さず

それはおき、後述するように、平左衛門は膨大な量にのぼる日記を書き、その中には、藩内の諸事情のほか、全国レベルの政治問題等に関わるものも含まれた。とくに、幕末期に入ると、その量は多くなる。たとえば、禁裏の炎上、安政の大地震、ペリー一行の来航、天皇や将軍の動向と死、大老井伊直弼の暗殺などについては、かなり的確で詳細な記述を残している。しかし彼は、これらの出来事については、自らが様々な媒体（藩関係者や寺院関係者など）を通して入手した情報を記すだけで、個人的な感想はほとんど付け足さなかった。

ほんの一例だけ挙げると、次のような対応の仕方を彼はした。文久三年（一八六三）の二月初旬、前年の八月二十一日に発生した生麦事件に関わる賠償金の即時支払いを求めて、英仏蘭米の四ヵ国艦隊が横浜に入港するという事態が生じる。そして、これを受けて、外国側との戦争が始まるとの噂が小倉の地にもたらされることになる。ついで平左衛門は、小倉領内の人びとの気持ちが著しく好戦的になっていることを日記中に次のように書いた。「世上の人気、ことのほか勇々《おお》しく、……（知人の男も）ことのほか勇気烈《はげ》しく、戦争におよび候はば身命を投げ打つべき覚悟にて候よし」（文久三年四月十二日条。第十巻）。

このように日記に付した平左衛門は、だが、これ以上はなにも付け加えることはなかった。つまり彼は、日本全国にまたがる大問題については関心を払いながらも、自分の感想らしきものは、用心深く日記といえども、ほとんど記さなかった。

そうした中にあって注目されるのは、万延元年（一八六〇）十二月晦日に、その年一年間に起こった主要な出来事をまとめた「別段の記」中に収められている桜田門外の変についての記述である（第十巻）。平左衛門は、この事件に関して次のように書いた。それは、①「水戸様の浪人一七人」による井伊直弼の暗殺は、外国との交易が「ますます盛んに」なったことに対する反発によること、②「皆、交易に苦しみ候人情ゆえ、水戸様味方の事柄多し」といった、江戸からもたらされた情報（風説）を記したものであった。

## 本音が洩れる

そして彼は、そのうえで、ほんの僅かだが、「水戸浪人より脇坂様（＝老中の脇坂安宅）へ差し出し候と申す訴状等は、はなはだ感心の文作也」との感想を付け足した。ここには、彼の本音（胸の内）が、ごくうっすらとだが窺えよう。すでに、すっかり老人となっていた平左衛門は、こうした形でしか自分の気持ちを表明しなかったのである。

しかし、平左衛門が政治運動に参加しなかったにもかかわらず、幕末期的状況の到来は、むろん彼や家族、および彼の管轄下にあった地域住民の日常生活にも巨大な変化をおよぼすことになる。第Ⅱ部では、こうした時代の大きな移り変わりを挟《はさ》んで、地方在住のごく普通の日本人がどのように老病死等に対処したのかという問題を考えることにしたい。

なぜ平左衛門を取り上げるのか

なお、ここで、どうしても最初に触れておかねばならないのは、数多い地域指導者の中で、なぜ平左衛門を取り上げるのか、その理由であろう。理由の一つは、彼が長命を保ったことで、比較的長いスパンで当該問題を振り返れることである。しかし、理由はそれだけではない。歴史研究をおこなううえで最も難しいのは、ごく普通の人びとが、どのような日常生活を送っていたのかを知ることである。これは、通常、彼らが文字の類いを綴ることがなく日常を過ごすため、史料が残らないことによっている。また、誰しも普通の生活にとくに留意する（特別の意義を見い出す）ことはない。したがって、この点でも記録としては残りにくい。その点で、平左衛門は、特権的な存在であった（農民といえども、藩から特権を付与され厚遇された）ものの、彼の残した膨大な量の日記を丹念に見ていく（読み解いていく）ことで、地域社会に生きた人びとの姿を、ある程度、浮き彫りにすることが出来る。第Ⅱ部で中村平左衛門の日記を取り上げる最大の理由は、この点にある。

## 一　中村平左衛門と彼の家族

### ㈠中村平左衛門のプロフィール

公人生活が

中村平左衛門は、寛政五年（一七九三）の七月、小倉小笠原藩領内の企救郡今村手

永菜園場村に誕生した（手永とは、十四カ村から二〇カ村内外でひとまとめにされた地域を指し、大庄屋が支配した）。そして彼が、その企救郡の勘定役（庄屋）に就いたのは、弱冠数えの十六歳であった文化五年（一八〇八）十二月のことであった。ここから、平左衛門の公人としての生活が始まり、それは五十年もの長きにおよぶことになる。

すなわち彼は、その後企救郡の大庄屋となり、ついで文政五年（一八二二）の四月には小森手永の大庄屋に就任する。さらに、文政十一年（一八二八）の八月には津田手永大庄屋に転任し、つづいて安政元年（一八五四）七月には企救郡大庄屋兼企救郡・田川郡・京都郡・仲津郡・築城郡・上毛郡から成る六郡の「惣吟味役」という大役を拝命した。つまり、この六郡内の大庄屋や庄屋が不正をおこなっていないかどうかを取り調べる総括責任者の座に就いた。それだけ、藩の信用が厚かったということである。そして、こうした経歴をたどったうえで、六十三歳になった翌安政二年（一八五五）正月に京都郡の延永手永と新津手永の大庄屋に転任する（なお、企救・京都の両郡は、現在の北九州市門司区、小倉北・南区から行橋《ゆくはし》市・京都郡一帯にあたった）。

そして、このあと、安政四年（一八五七）の正月に、高齢と病身であることを理由に、筋奉行に対し、内分（密）に退役（役儀御免）を願い出て、延永・新津手永の大庄屋退役が認められる。そして、長年の功績により、「格式大庄屋」の名目は引き続き許されることになった（つまり、ひとまず休職扱いとなった）。ついで、最終的には、七十

豊前国企救郡手永・村略図

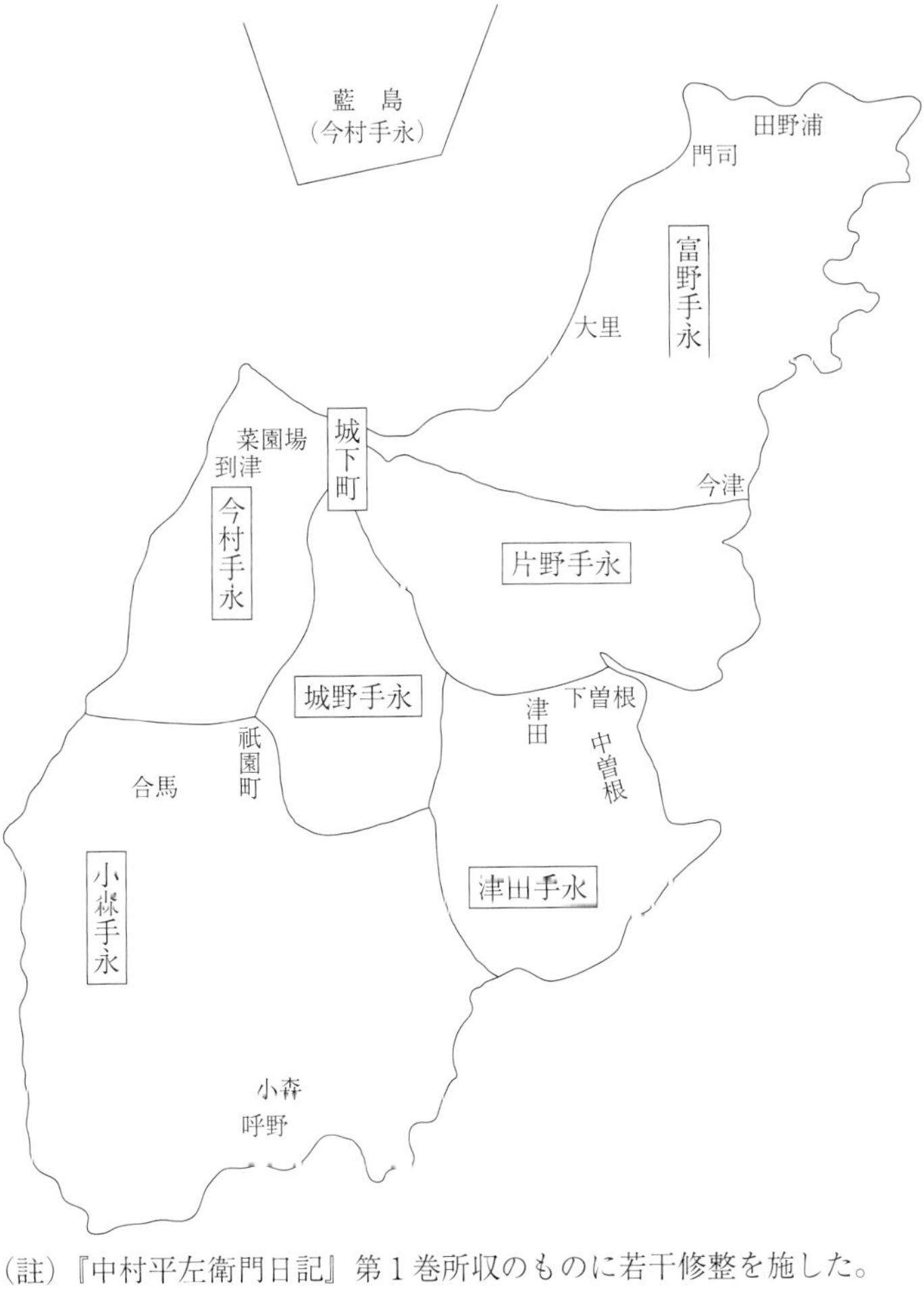


（註）『中村平左衛門日記』第１巻所収のものに若干修整を施した。

歳真近（六十九歳）となった文久元年（一八六一）に、ようやく大庄屋職からの退役が認められた。この中村平左衛門が、文化八年（一八一一）から、慶応二年（一八六六）にまたがって、膨大な量の日記を書き残したのである。もっとも、この間、日記が現存していない欠年次も相当ある。

## ㈡日記の特色

公務の詳細が判る

平左衛門日記の特色であるが、まず第一に挙げねばならないのは、私的なことよりも公用に係わる記事が多くを占めることである。すなわち、この日記によって、平左衛門の勤めた大庄屋職の内実が詳細に判る。大庄屋とは、藩と地域住民の間にあって、両者の良好な関係を維持すべく置かれた職であった。具体的には、藩士が就任する郡代や筋（郡）奉行・代官奉行・山奉行などと協力して、年貢米の完全な収納を達成するとともに、藩の方針が領内のすみずみにまで貫徹するように図る仕事であった。とくに、前者の仕事は、家臣等への扶持米の支給がスムーズにおこなわれるためには不可欠のものであった。また、定期的に実施された宗門改などでは藩に積極的に協力した。そうした点で、文字どおり藩の行政機構の末端に位置する存在であったと言える。

他方、地域社会の側からすれば、農民上層から任命される子供役や手代、あるいは庄屋などを指揮して、民意を行政に極力反映させる立場にあった。つまり、藩と地域住民をつなぐキー・パーソンとしての役割を求められる、きわめて重要なポストであった。したがって、当然のことながら、高い能力（才覚）が必要とされた。そして、平左衛門は、この点で、藩にとっても地域社会にとっても、ともに欠くべからざる人物であった。事実、それだからこそ、小倉藩は、彼を大庄屋職に、いつまでもつなぎ留めようとしたのである。

公人・私人の両面が反映された日記

特色の第二に挙げられるのは、平左衛門の日記は、公用日記と称せるほど、大庄屋ほか各種の公役に就いた、彼の日々の職務についての記述が大半を占めているものの、その職務との関係で、彼の私人としての行動についても詳細が判ることである。すなわち、平左衛門の私的な行動や、その時々の彼の思い、あるいは家族（母・妻・息子・孫等）の動向も随時書かれている。

よく観察する人物

もちろん、その中には、平左衛門自身や彼の家族、および地域住民の、老病死についての記述も、たくさん含まれている。平左衛門という人物は、これから徐々に明らかにしていくが、格別他人と異なる感性の持ち主ではなかった。しかし、何事によらず、とにかくよく観察する人物であった。たとえば、天保二年（一八三一）八月十一日、彼の住む地域で、「雷鳴・暴雨・大風厳しき」中、「まもなく雹《ひょう》」が降ったが、彼は、「ひょうの太さ、太きは銭のくらいにて、平目《ひらめ》あるいは玉子の形り、または桜花のごときもあり、小さきは銀杏《ぎんなん》くらい也」と観察している（第五巻）。

最晩年まで日記をつける

彼は、このように、諸事、よく眼をこらして観察する人物であったが、ごく一般の人びとと大きく異なったのは、最晩年に至るまで、こと細かに日記を書き綴ったことである。普通、人間はだれしも年齢を重ねると、つい億劫《おっくう》になり、それまで日記をつけていても筆をおくようになりがちである。だが、平左衛門は違った。彼は最晩年まで日記の筆をとり、ある日、突然それをやめたのである（その理由については最後に記す）。したがって、こういう人物であったから、その日記を通して地域住民の暮らしぶり（老病死をふくむ）も逆によく判るのである。そして、これが本日記最大の魅力となっている。

珍談・奇談

第三に挙げられるのは、平左衛門の耳や眼に飛び込んできて、自分の関心をひいた各種の情報が網羅されていることである。余談ぽい話になるが、その中には、いわゆる珍談・奇談の類も含まれている。たとえば、次のようなものがそれに該当する。

① 農民の娘が十六歳で男子に変化した（文化十四年五月四日条。第二巻）

② 暴雨による洪水で、胴回りが「五、六尺」、つまり一五〇～一六〇センチメートルほどの大蛇が海に流されるのを多くの者が見た（文政二年五月二十一日条。第二巻）

③ ある村民の家に文政四年（一八二一）の十二月に銭が降り、また「米も少しづつ、誰置くとなく家の内にこれ有るよし」。そのため、この噂を聞きおよんだ「近隣の者」らの関心を大いにひき、これは「弘法大師の成し給う所ならんと、おいお

い参詣の者も多く」なった（文政五年正月二十一日条。第三巻）

ええじゃないかの先駆

①のケースは、いまで言う、体と心の性が一致しない性同一性障害者であった可能性がある。また③のケースは、後年、幕末最終段階で発生した、「ええじゃないか」騒動と共通する点があることで興味深い。すなわち、慶応三年（一八六七）、突如、各地で天から米や銭、あるいは伊勢神宮の御札などが降ってきたとされたことで、農民たちの狂喜乱舞が始まったが、その先駆的な話として注目される。

なお、平左衛門の日記には、こうした珍談・奇談が時に含まれるが、もちろん、先述したように、全国の政治状況に関わるものや風説（噂話）もそれほど多くはないものの含まれる。

「日本を覆す謀計」

たとえば、その内にはシーボルト事件に係わるものもあった。同事件は、改めて記すまでもなく、江戸後期に来日したドイツ人の医師シーボルト（一七九六〜一八六六）が、文政十一年（一八二八）に任期が満ちて帰国する際、彼の乗っていた船から、当時、外国人が国外に持ち出すことが禁じられていた日本地図などが見つかったことに端を発した。そして、この事件に関する情報が、さっそく、この年の「別段の記」（第四巻）中に登場する。すなわち、この年一年の出来事を回想する箇所に、八月段階で長崎のオランダ船から夥しい数の「日本の兵器」以外に、「日本の地図」を詳しく記した「書類等」が発見されたこと、江戸の蘭学者（天文家）がオランダ人と「日本を覆《くつがえ》す謀計」

を企てたとの「風説」のあることが記されている。

また、平左衛門の日記からは、ペリー一行の浦賀への来航とロシア使節プチャーチン（一八〇四〜一八八三）一行の長崎や大坂湾への来航があった翌年（嘉永七年）から、小倉藩領内でも著しく対外的緊張が高まったことが鮮明に窺われる記述が見られ出す。すなわち、嘉永七年の四月になると、郷筒（＝銃を所持して狩猟を業とする者）の調練が開始される（四月十一日条他。第八巻。なお、小倉の地からすれば、江戸より長崎や大坂の方がより近い分、プチャーチン来航の方が、平左衛門らにとって、いっそう衝撃的だったようである）。

藩の深刻な財政状況

さらに、平左衛門の日記からは、図らずも藩の深刻な財政状況も浮きぼりとなる。小倉藩の財務状況が極度に悪化するのは、彼の日記によれば、どうやら文化十一年（一八一四）頃からのことである。そして、これは、以後、天保期（一八三〇〜一八四四）にかけて、より深刻な様相を呈し、慶応期（一八六五〜一八六八）に受け継がれていくことになる。

## ㊂大庄屋の職務内容と地域住民

以上の諸点が平左衛門日記最大の特色であるが、以下順をおって注目すべき点を、さらに詳しく紹介していきたい。まず平左衛門が任じられた大庄屋の職務内容から、改めて見ていくことにしよう。

大庄屋の仕事

大庄屋にとって最も大事な仕事が、自分が担当する地域の村々の年貢米の収納を達成することであったことはすでにふれた。いわゆる「年貢の皆済」である。そこで、彼らは常に気象条件や米麦の成育状況（作柄）・米（麦）価に関心を払うことになる。そして、配下の子供役・勘定役・庄屋・物書役・方頭・組頭（方頭は二五戸に一人が任命された。組頭は五人組の長であった。ともに庄屋の下に属した）らに働きかけて、農民を農業に出精させ、年貢の完納を達成すべく督（催）促させた。すなわち、未納米があれば村々へ納めるように勧告させ、それを実現すべく努めた。

庄屋の自殺

なお、この点に関連して加筆すると、大庄屋の下に組みこまれた庄屋もそれなりに難しい職責を負ったといえる。たとえば、平左衛門がいまだ壮年期であった天保五年（一八三四）の十二月に、下曽根村庄屋の卯吉なる若者（当時、二十六歳）が仕事に行き詰って心を病み、自殺（溺死）したケースがある。平左衛門によれば、この人物は、「万事ことに念を入」れて職務に励む「生質いたって篤実の人物」ではあったが、秋以来の旱魃《かんばつ》による不作の発生という状況下、農民からの取立てで悩み、そのうえ「生来虚弱」かつ「先月中頃」より発症した病気（「癇症」）が重なって、精も根も尽きた結果、右の始末にあいなったという（天保五年十二月五日・七日条。第六巻）。もっとも、その一方で、庄屋らの所業（不正行為など）が原因で村方騒動が発生することもあった（天

保四年十二月二十日・二十三日条他。第五巻）。

いずれにせよ、平左衛門は、このような中、庄屋等をたばねて、年貢の藩への完納を果たさねばならなかったのである。さらに、ほんの少し書き足すと、若き日の平左衛門は、村内に農業に精を出さず、酒におぼれた結果、親から「勘当」された人物がいれば、自分の所に呼びよせ、懇々と「悪行」を改めるように「とくと申し聞かせ」たりもしている（文政十三年四月十七日条。第四巻）。また、晩年には、居住している村内に親不孝な者がいるとの情報を入手して、「村役《むらやく》」に調査を命じ、もし相違がなければ、「勘当」するように申し聞かせたりもしている（嘉永七年十一月十四条。第八巻）。

### 枕歌「ドウシャ」

他方、一般農民とて、年貢の完納につながる豊作を祈る気持ちに変わりがなかったことは言うまでもない。このことが、よく窺えるのが、田植え時に歌われたとされる枕歌（「ドウシャ」）である。それは、「目出たや、初夢にしらけの米（＝玄米をついて白米にしたもの）をくみとると見た」「植て、くろめて、秋風をいれて、蔵の底つみ」といった歌であった。これらは、田植え前に、苗を手にとり、田の端に立って歌うものであった（天保二年五月十九日条。第五巻）が、ここには農民の偽らざる実感がこめられているといえよう。

### 近代化の進行と飢饉

だが、改めて記すまでもなく、毎年、豊かな実りが約束されたわけではない。平左衛門の日記を見ていて痛感させられるのは、不作の年が実に多いことである。江戸期にあっても、天気は常に一定のリズムで推移するわけでなく、時に日照りや多雨が続いた。また、蝗《いなご》に代表される虫害にもさんざん悩まされた。そのため、平左衛門は、鯨油を用いて蝗を駆除する方法を詳しく記した『除蝗録《じょこうろく》』上・下二冊（江戸後期の農学者であった大蔵永常《ながつね》の著作）を、配下の手永（延永・新津）の村々三十五カ村に自己の役料を使って購入し、与えたりもしている（安政二年。第一巻）。そして、不作の発生に手をかすことになったのが、意外なことに、いわゆる近代化の進行であった。

　第一部でも、ほんの僅かだが記したように、戦国期を経て成立した江戸前期の社会は、未曾有の政治的安定を獲得するとともに、食糧の著しい増産に成功した。とくに元禄期頃からはそうであった。その結果、米作に携わらないでもすむ人員を大量に産み出す。そして、こうした人びとが各種の職業に就くことになった。当然、このような人びとは、平時は金銭でもって米を購入する生活を送ることになる。こうした状況下、天候不順が続くと、たちまち米不足が発生する。皮肉なことに、社会が近代化に向かって豊かになっていったがゆえに起こった米不足であった。そして、このような状況が何年も続くと飢饉になる。

### ㋐享保の飢饉と供養・仏事

餓死者の供養

平左衛門の日記から窺えるのは、享保の飢饉が地域社会に与えたダメージの深刻さである。天保三年（一八三二）の三月二十三日から二十五日にかけての三日間、享保時に亡くなった餓死者の供養が開善寺で執り行なわれた（第五巻）。ついで安政三年（一八五六）の七月九日には、二塚村の正受寺でやはり享保時の餓死者の施餓鬼《せがき》が執行された（第九巻）。

前者は、膨大な数の餓死者を出し始めた（小倉藩領内の死者は、けっきょく最終的には四万三千人以上におよんだとされる）享保十八年（一七三三）から数えて百年目にあたる年に執り行なわれた法事（「百年忌御供養」）であった（第五巻）。後者の施餓鬼とは、寺院でおこなわれる法会《ほうえ》の一つで、餓えに苦しんで災いをなす死者の霊や弔う者のいない無縁の亡者の霊に飲食物を供え、経を読んで慰める仏事であった。

ところで、享保の飢饉時は別格としても、江戸期は後期段階に入っても時に餓死者のでる社会であった。たとえば、平左衛門日記の天保二年三月四日の条（第五巻）には、「先年餓死いたし候者ども」の「供養」が求菩提山で始まったとの記述がある。これは、むろん、いわゆる「天保の飢饉」につながることになる死者の「供養」であったが、江戸後期にあっても餓死は他人事ではなかったのである。

そのため、先程挙げた天保三年の三月におこなわれた「百年忌御供養」では、「三日（間）ともに、ことのほか、参詣の者（が）多」かったという（三月二十五日条。第五巻）。当時の人びとにとって、餓死の危険性がいまだ身近なものであったからこそ多くの参詣者を集めたのであろう。つまり、当時は、生は死とともにあることが、いまだ実感をともなって感じられた時代であった。また、死が身近であったことが、自分の今があるのは、先祖のお蔭であるという感謝の念を自然と起こさせたものと思われる。それが、先祖の霊に、これからも自分および家族を守ってもらおうとの願いがこめられた参詣になったと思われる。

### ㋑疫病の流行

さらに、多くの参加者を呼び込んだ、その他の要因としては、疫病の流行が考えられる。古代以来、日本の社会でも、欧米諸国や他のアジア各国と同様に、疫病（流行病）が、しばしば発生した。そして、江戸期の社会においても、ときどき発生する疫病が多くの人びとの命を奪った。そうしたものの代表としては、痘瘡（疱瘡。天然痘）や麻疹《はしか》が挙げられる。現に、享保十八年（一七三三）までに小倉藩領内で四万数千人の死者が出た原因は、凶作以外に疱瘡の流行にもよった。また弘化二年（一八四六）の夏から翌年の春にかけても、「痘瘡（が）大流行」し、「そのほか余病にて、老人・小児等」の「死亡人（が）はなはだ多し」という状況が出現した（十二月晦日条。第一巻）。したがって、享保の飢饉に関連する仏事への多くの民衆の積極的な参加は、疫病に罹らないことを祈祷するためのものでもあったと想像される。

### 児戯に等しい対処法

疱瘡との関係で興味深いのは、平左衛門日記の天保五年（一八三四）十月二十二日の条（第六巻）である。ここには、二股に分かれた松茸が「疱瘡の薬」となったので、「吟味」して差し出す（上納する）ようにと「役筋」から頼まれたことが記載されている。疱瘡に対する有効な手立て（治療法）が見い出せなかった当時にあっては、このような後世の我々から見れば児戯に等しい対処法が藩によって採用されたのである。それだけ疱瘡への恐怖感には切実なものがあったといえよう。

さらに、これは小倉藩に直接関係するものではないが、江戸期には、疱瘡をふくむ疫病にかなり効くということで、どうやら甘酒を飲むことが奨励されたらしい。現に、『病家須知』巻之三には、疱瘡には食べ物としては、「汁のあるものがよく、ご飯やお粥もなるべく温かいものがよい」としたうえで、「甘酒や葛湯、麦湯、砂糖湯などを飲ませるのがよい」とある。いずれにせよ、疫病に対して、江戸期の人びとがひどく恐れ、かつその対策に悩まされていたことがよく判る。

また疱瘡と並んで恐れられた麻疹は、これは改めて後にふれることになるが、文久二年（一八六二）の五月・六月頃に小倉藩領内で大流行したらしい。やはり、小倉藩の大庄屋を勤め、中村平左衛門とも懇意であった小森承之助の日記を読むと、この時、藩から「窮民」および「辺鄙」な場所に住んで医師にかかることの出来ない人びとに対して、薬が支給されている。その際、大庄屋の手を通して、服薬の「趣意」を記した「書付」の写が、薬とともに各郡に配られた（七月一日条。第三巻）。大庄屋には、こういった仕事も時に課せられたのである。

黒死病に関わる近年の研究

ところで、はなはだ唐突な感が否めないかもしれないが、ここで中世ヨーロッパの代表的な疫病であった黒死病（ペスト）に関わる近年の研究を紹介しておきたい。寄り道が許される範囲内だと判断するからである。

私の知り合いの西洋史家に石坂尚武氏（同志社大学教授）がいる。いわゆる歴史人口学に属する研究をおこなっている人である。具体的に記せば、十四世紀にヨーロッパで非常に多くの死者を出した黒死病の研究をしている。黒死病とは、ネズミについたノミがペスト菌をふくむ血を吸って、次々と感染者を増やしていく病気である。そして、この病気は、アジア地域からヨーロッパ地域に伝わったあと、民間人のみならず、キリスト教界にとって大切な聖職者の生命をたくさん奪うことになった。その結果、本来、神に護られるはずの聖職者が多数亡くなったということで、宗教界の権威が失墜したとされる。ついで、そうしたことも関係して、イタリアでルネサンスが始まるきっかけともなったと、しばしば評される。

こうしたことはともかく、私は、氏から拙宅に続々と送られてくる一連の論稿（「黒死病でどれだけの人が死んだか」他）によって、興味深い諸々の事実を知るに至った。それは、①黒死病の死亡率が夏季に高かったこと、②圧倒的に男の死者が多かったこと、③そのため、男女のいびつな人口比が生まれたこと、④その結果、当然のことながら結婚数そのものが減少し、ついで十四世紀のヨーロッパでは大変な人口減におちいったこと、⑤寡婦（未亡人）の死亡率が断然低かったこと、等々の事実である。

興味深い事実

なかでも、私にとって特に興味深かったのは、⑤の事実であった。これは、すでに石坂氏も指摘していることだが、老いに関する常識に反するものだからだ。すなわち、どう考えても、若い独身女性の方が、高齢者の占める割合が高い寡婦よりも、抵抗力があるはずだ。それが寡婦の方が死亡率が断然低いとは一体どういうことか。また、一般的にいって、高齢者は免疫（抵抗）力が弱いので、疫病をはじめとする病気に弱いはずである。歴史学を専攻していると、時にこのような常識に反する事実と遭遇して、それを基に、あれこれと想像をめぐらすことの出来るのが、とても楽しい。

さらに、私が心を打たれた事実がある。これも石坂氏の論稿で知ったことだが、黒死病研究において衝撃的ともいえる史実が、比較的近年、オスロ大学教授のO・J・ベネディクトー氏によって著作というかたちで発表されたという。これは、このオスロ大学教授が、長年にわたってヨーロッパ各地域に残っていた黒死病に関する一次史料に目を通した結果えられたものである。

現在使われている日本の高校教科書（世界史）では、十四世紀の黒死病で全ヨーロッパ人口（七五〇〇万人）の三分の一（二五〇〇万人）が亡くなったであろうと書かれているらしい。むろん、研究者の「憶測」や「勘」が多分に加味されての推測（学界の通説に沿った数値）である。だが、ベネディクトー氏の著作（二〇〇四年刊行）によると、死亡率はそれよりもはるかに高く、五〇〜六〇％に達するという。

私が感動をおぼえたのは、氏の長年の努力と、こうした研究活動を許容できた北欧諸国の懐《ふところ》の大きさであった。ベネディクトー氏の努力と能力については、改めて強調するまでもないことだが、中世の難解な一次史料および黒死病に関する数多くの個別の地方史研究にくまなく目を通すということは、もちろんヨーロッパ中に数多く存在した（あるいは現に存在する）近代言語に通暁していることを前提とする。これが、いかに大変なことか。私などは、語学がからきし駄目なので、無限の尊敬をおぼえるくらいだ。

### シャガールとイディッシュ文化

それはおき、私は、最近、世界的に有名な画家であったシャガール（一八八七〜一九八五）について次のような史実を知った。それはユダヤ系のロシア人であったシャガール家では、ロシア語ではなく、イディッシュ語が話されていたことである。そして、帝政ロシアの町ヴィテブスク（現ベラルーシ）郊外に生まれ育ったシャガールの作品を真に理解するためには、イディッシュ文化を理解しなければならないらしい。事実、こうしたことにともなう困難が、これまでシャガール研究（とくに初期作品の研究）の進展を妨げていたとされる（圀府寺司《こうでらつかさ》「イディッシュとはなにか」）。

ところが、東欧ユダヤ人の間で使われていたイディッシュ語とは、ヘブライ文字を用い、発音や文法はドイツ語に近い、非常にマイナーな言語だという。これと同様の少数語は、むろんヨーロッパ全域に多く存在したことだろう。ベネディクトー氏の研究がいかに大変であったかは、こうしたこと一つとっても明らかである。そして、いうまでもなく、氏のようなテーマを対象とする研究は、全容を展望（解明）し切るには、とてつもない歳月と努力を必要とする。私が感動をおぼえたのは、このような背景に思いが至ったうえでのことであった。

なお、これは言わずもがなかもしれないが、黒死病の流行は、中世ヨーロッパにおいては、魔女と見なされた女性の大量虐殺につながった。このことは広く知られている史実だが、一方日本においてはこのような悲劇は発生しなかった。我々の先祖は、疫病の大流行を前に、ひたすら松茸や甘酒を食すという、可愛く切ない対応で、ことを乗り切ろうとしたのである。

㋒年貢収納にむけての大庄屋の対応策

再び中村平左衛門管轄下の村人たちの世界に戻ることにする。天候不順による不作や疫病の発生による労働力（農耕従事者数）の減少といった危機的状況が到来する中、年貢米の完全な収納という自分に与えられた使命を、大庄屋はどのようにして果たそうとしたのか。つづいて、この点を見ておくことにしよう。

神頼み

この点に関する大庄屋の対応策は、ごく限られたものとなった。その第一は、もちろん、神社仏閣に参詣して疫病の退除祈祷をおこなうことであった。すなわち、不作の直接的な要因が天候不順や害虫の発生等によった以上、神仏に祈祷して、それらの災いを除去してもらうことが大庄屋最大の務めの一つとなった。平左衛門日記を眺めると、こうした方面の記述が多いことに気づかされる。とにかく平左衛門は、個人で、あるいは仲間や部下、それに藩当局者らとともに、しばしば寺社に詣でた。

祈祷内容

祈祷内容で圧倒的に多かったのは、五穀豊穣つまり豊作を祈ることであった。それ以外で目につくのは、農民や牛馬の安全、魔除《よ》け、災難除け、虫害（蝗《いなご》が中心）・風害の退除、雨乞い・日和《ひより》乞い、それに流行病をふくむ病気の退除を願う祈祷であった。むろん、こうした祈祷活動の中心となったのは地域の寺社であったが、宇佐神宮などの他に、遠く離れた出雲大社も、時に対象に含まれた。

ことに、幕末期に入ってコレラなどが発生すると、同大社へ桃灯代寄付とか初穂金献納といった名目のもと金銭が奉納されることも多くなり、災いの退除が祈られた。また、幕末期固有の祈祷としては、「武運長久」や「天下泰平」を目的としたものも登場する（安政二年八月八日条〔第九巻〕。文久元年四月二十六日条〔第十巻〕。元治元年八月一日条〔第十巻〕他）。

### 孝心貞実者の顕彰

その第二は、農業に精を出した者や年貢を早い段階で納めた者へ褒賞《ほうしょう》をだすことで、農民の労働意欲を高める手段を講じることであった。また、農民が農業に安心して勤《いそ》しむためには、他人とのトラブルや家庭内の不和がマイナス要因となった以上、そのようなことのない「孝心・貞実者」の顕彰が積極的におこなわれた。そして、もちろん、これは藩当局との入念な打ち合わせに基づいて実施された。

孝心者とは文字どおり親孝行な子供という意味だが、貞実者の範囲は、これに比べると広かった。つまり、農業に精を出し、年貢を早い段階で完納した者、主家への奉公を誠実に勤めている者、他の村人との折り合いの良い者、舅・姑によく仕えている者、等々が対象となった。いずれにせよ、こうした人物に褒賞を与えることで農村の建て直しを図ったのである。

### 褒賞の内実

では、その与えられた褒賞の内実であるが、これは米や鳥目《ちょうもく》(金銭)、それに酒・肴・綿等であった。一例を挙げると、文政二年(一八一九)五月の時点では、二十六歳から七十八歳の男女計一四名に対して、米が二俵から五俵の範囲内で与えられている(五月六日条。第二巻)。ただ、この米の下賜量だが、藩財政の悪化を受けて、その後、減らされた。たとえば、嘉永二年(一八四九)段階では、二人の人物に対して、それぞれ一俵が下賜されるに止まった(十月十九日条。第八巻)。

### 周辺住民へのパフォーマンス

もっとも、藩当局も、支給する米穀の量を減らすことで、農民サイドの生産意欲が減退することを慮《おもんぱか》って、対策（工夫）を講じた。それが、支給量の減少をパフォーマンスで補おうとする試みとつながる。たとえば、嘉永二年の十月二十　日に郡代役宅にて「孝心・貞実者」への褒美《ほうび》（米銭）が下賜された際には、それぞれ「何郡御褒美被下米」「何郡御褒美被下鳥目」と書かれた二本の大幟《のぼり》を先に立て、そのあと米銭を与えられた者の名前を記した小幟が続き、その中を当事者が指定された道筋を通って帰った（第八巻）。いうまでもなく、こうした目に見える形で、親孝行者や農業に精を出した者にはメリットがあることを、周辺住民に知らしめるためのパフォーマンスに他ならなかった。

なお、顕彰は、農民個々人に対してだけでなく、村そのものに対してもなされた。たとえば、天保三年（一八三二）の二月には、下貫村に対して、「当年宗門御改の節」に「酒二丁・肴一折・鯣《するめ》二十連」が下されることになった。その理由は、①数年来、「正米勝にて」早期に年貢を皆済したこと、②「村中博奕《ばくち》そのほか掟筋あい守り、質素倹約あい立ち、仏事等も無酒にて執り行」なったことであった（二月二十八日条。第五巻）。要するに、藩にとって望ましい村が顕彰の対象とされ、わずかばかりの物品が下賜されたのである。

その第三は、農民が農業に打ち込める環境を整備すること、および農作業をさぼりがちな者への教諭をおこなうことであった。前者に関しては、小は夫婦喧嘩《げんか》の仲裁・

養子の斡旋《あっせん》から、中は生活の破綻につながる博奕《ばくち》の禁止、大は村落間の争いの調停といった、実に様々な仕事が大庄屋にはあった。とくに博奕の流行は、農民に対して博奕の禁止が「触書」でうたわれていることからも判るように、深刻な問題となっていた。むろん、そうしたことに大庄屋がいちいち関われるはずはなく、配下の庄屋などが主となって、こうした問題に対処した。しかし、事がいつまでも収束しないと、大庄屋の手に問題の解決が委ねられた。

## 二　中村平左衛門の老いと病気

さて、地域住民の老病死の問題に立ち入る前に、ここで遅ればせながら、中村平左衛門という一人の人物の動向を注視することで、当該問題の本質に迫ることにしたい。

### ㈠平左衛門の性格・趣味・家族

信仰心の篤い人物

日記から薄々とではあるが判明するのは、少年時の享和元年（一八〇一）に父を亡くした彼には、母と妹（子供役であった津田市太郎に嫁いだ妹以外に、いま二人、文政二年（一八一九）と同九年（一八二六）にそれぞれ病死した妹がいた）と妻子がいたことである。母と妻子のことは、このあと、おいおい記すことになるが、まず目をとめたいのは彼の性格と体質である。平左衛門は、もちろん大庄屋の職務として神社への参詣をおこたらない人物であった。また仏閣に詣で先祖の霊に祈ることも欠かさなかった。その点で、当時のごく一般的な日本人となんら変わらず、信仰心の篤い人物であったことは間違いない。

合理的な考え方の持ち主

しかし、彼には特筆すべき点もある。迷妄を嫌う、合理的な考え方の持ち主であったことである。ほんの一例を挙げれば、日記の嘉永五年（一八五二）三月三日の条（第八巻）で、平左衛門はある問題を取り上げている。それは、三月三日の節句の日の天候（晴か雨か）によって、「その年の豊凶を卜《ぼく》する（＝うらない定める）」世俗のあり方（「申し伝え」）に関わるものであった。

丁度、この日が雨天であったため、平左衛門自身が気になったのであろう。また、この年は子歳にあたり、農家では、どうやら縁起の良くない年だと受けとめられていたらしい。そこで彼は、直近の子年の三月三日の晴雨を調べてみることにした。長年にわたって日記を綴るという習慣がこの時、役立ったのである。文化十三年（一八一六）、文政十一年（一八二八）、天保十一年（一八四〇）の三ヵ年がそれであった。これらの年は、いずれも凶作か不作の年ではあったが、三月三日当日は、終日、晴か、もしくは一時は晴であった。この結果から、平左衛門は、三月三日の「晴雨にて豊凶を卜する事、はなはだ道理なし」と判断して、「この旨」を「庄屋中」に伝えることになる。

むろん、これは、彼らを通して農家を安心させるためであった。

平左衛門は、世間に広く見られた「申し伝え」を簡単に否定し去るような人物ではなかったものの、その一方では、このように、きわめて合理的な考え方をする地域指導者であった。とともに、きめ細やかに、地域住民の指導を心がけるリーダーでもあったのである。

なお、平左衛門が合理的な考え方のできた背景には、彼が数学をどうやら好んだらしいことが関係したと思われる。小森承之助の日記によれば、安政七年（一八六〇）の時点で、小森は、「円法算（＝円算法）の義」について、平左衛門に役所において尋ね、教えを請うている（二月二十三日条。第一巻）。私には、なんのことかサッパリ解らないが、平左衛門が数学にかなり通じていたらしいことが、ここから推測できる。いずれにせよ、こうした理系の学問をも好む人物であったことが、彼をして迷信の類いから距離を置かせたと考えられる。

地域住民の絶大な支持を獲得

そして、理に適《かな》ったことを好み、かつ細やかな気配り（配慮）ができる指導者であったことで、彼の評判はすこぶる良好なものとなった。すなわち、平左衛門は地域住民の絶大な支持を得た。たとえば、このことは、天保五年（一八三四）の二月、盗みを疑われた中津藩領の者が木に釣り下げられての拷問によって死去した際に明らかとなる。この時、この一件で責任を問われた彼は、二月二十九日に「勤用の外、他出禁止」

となった（二月十四日・二十九日条。第六巻）。

ついで、このことに大いに驚いた地域住民が「男女ともに仕事を打ち止め」、幾つかの神社に参詣し、平左衛門の「開運を立願」つまり処分の解除を願う行動にでる。また、このような行動にでたのは、農民層にとどまらず、社（宮）司にもおよんだ。こうした地域住民の行為が、いかほどの効用を有したかは明らかにしえないが、平左衛門は「はなはだ有りがたき事ども也」と受けとめた（二月晦日の条）。そして、五月二十七日に「急度叩《しかり》」の処分を申し渡されたあと、最終的には、六月十一日に「差し控え御免」となる。

強烈な自負の念と優越感

さらに、平左衛門の地域指導者としての資質や意欲等に関連して、ここで、ぜひ押さえて（確認して）おきたいのは、彼の地域リーダーとしての強烈な使命感（自負の念）と優越感である。平左衛門は、その全生涯にわたって、単なる上意下達の大庄屋ではなかったものの、大きな枠組みからいえば体制べったりの人物だったが、その彼は、時に藩の方針に対して疑義を投げかけた。その一つに、役儀の問題がある。

小倉藩は、他藩と同様に、財政難を上層農民からの献金で乗りきろうとした。すなわち、献金をすれば一人扶持を与え、苗字も許可し、場合によっては庄屋職にも任じようとした。たとえば、天保十年（一八二七）に入ると、早々に、藩から、ある村民に対し、五〇両を献金すれば庄屋職に任じるとの「御内分の御沙汰」が下る。これに対し、平左衛門は、「実に役義を売買いたし候道理」で「はなはだ宜しからざる義」と受けとめた（天保十年正月十八日条。第七巻）。彼にすれば、地域リーダーの職は、なによりも地域を良くしようとする使命感が必要とされるものであった。金銭で購《あがな》えるような安直なものではなかったのである。

もっとも、苗字御免となれば、小倉藩では上下《かみしも》（＝肩の張った肩衣《かたぎぬ》と袴《はかま》。江戸時代の武士の礼装であった）の着用が許されたが（天保十年七月三日条。第七巻）、こうした特権を幅広く与えることに対する反発が、平左衛門の心中にあったことは否めない。自分たちの優越感が激しく損なわれることになるからである。しかし、それ以上に、彼が反発したのは、地域指導者の使命感と自負の念をないがしろにしかねない、藩の軽々しい対応策によったことは間違いない。

## 漢学を学ぶ

それはさておき、平左衛門は近世後期の上層農民の多くに共通する教養の持ち主でもあった。漢学である。当時、漢学は豪農らの「共有（通）知」といってよかった。彼らは、「大学」「中庸」「論語」「孟子」の四書、それに「易経」「書経」「詩経」「礼記」「春秋」の五経の、俗に四書五経と呼ばれた書物を読み、漢詩を学んだ。もちろん、平左衛門もその一人であった。そして、平左衛門は、文化十四年（一八一七）の二月七日から「孟子」を読む会を始め、同月十六日には詩会を開いた（第二巻）。ついで、日記を繙くと、文政十三年（一八三〇）二月には、『大学講義』を代官所より借用して、それを知人に頼んで写させている（二月十九日条。第四巻）。

平左衛門が、どこまで漢学の修業に熱心であったかは定かでないが、まずはひと通りの素養（漢学の力）は身につけたと思われる。また、平左衛門は、最晩年を迎えると時に歴史書（『歴史綱鑑』など）を購入し、江戸後期の石門心学者であった柴田鳩翁《きゅうおう》（一七八三～一八三九）の『鳩翁道話』（全十二冊）を知人から借りて読んだりしている（安政五年の七月二十三日と八月十二日条。第十巻）。さらに、平左衛門は時々は茶の湯を嗜む文化人でもあった（文化十四年正月九日条他。第二巻）。

また、漢学や歴史書にとどまらず、平左衛門は、最晩年にあって、新井白石の自伝である『折たく柴の記』や『安政二十二家絶句』『智嚢《ちのう》』『気海観瀾《かんらん》』なども読んだ（慶応二年七月二十五日条。第十巻）。とくに最後に挙げた『気海観瀾』は、本邦最初の刊行物理学書（一八二七年刊）といわれる。したがって、こうしたことからも、彼が文系・理系の枠を超えたマルチ人間であったことが窺われる。

## ㈡母親との関係

母親想いの人物

ところで、この平左衛門に関して目につくのは、彼が大変な母親想いの人物であったことである。平左衛門は、母の丈《たけ》を慕う心が強かったためか、しばしば母親のことを「慈母君」「慈母」と日記中に書いている。彼にとって、慈《いつく》しむ（可愛がる）心の深い母であったということである。この母は、夫（平左衛門にとっては父）を早い時期に喪い、そのあと女手一つで平左衛門兄妹を育てた。

その人となりは、平左衛門によれば、夫の死後、「勤方・心得方・家事の事等」に「朝暮」心をくだいて一家を維持し、しかも子供に寄せる「愛情」は「人並みとは大いに違い」、「格別」なものがあったという。また、物質欲も少なく、「つねづね、親類内、または懇意の難義者には衣食等を施《ほどこ》」し、そのため「自分の衣類等はいたって少な」い有様であったという（安政四年六月二十日条。第十巻）。

**看護に努める**

こうした母だったこともあってか、平左衛門は、とにかく母親想いの人物となる。そのため、公職に就いたあと、母が「不快」で「起居・歩行等」がままならないといった知らせが入ると、飛んで帰り、時に医師を一晩留めて治療にあたらせるなど、手厚い看護に努めた。また、こうした際には、近隣の地域住民も積極的に「介抱」に協力してくれたようである（天保十五年正月二十八日条。第七巻）。これは、平左衛門の地域指導者としての職の御蔭というよりも、それだけ地域社会とのつながりが日常的に深くあったということであろう。すなわち、親族のみならず、地縁を活用した看病の体制が、この地域でも確立されていたと考えられる。

**母の楽隠居生活を支える**

また、このような母親想いの平左衛門だから、当然というべきか、母の楽隠居生活を、当主として積極的に支えている。たとえば、いち早く、文化・文政年間から母が太宰府への参詣や豊後（現大分県）の温泉への入湯を希望すれば、それを実現させている（第一巻）。そして、このような行為の前提にあったのは、十八世紀半ば以降、上層の庶民の家では、隠居身分の女性（すなわち姑）の外出・外泊の機会が増加していたことである。ついで、姑の立場にあった女性の神社仏閣詣《もう》でや保養を目的とした旅は、十九世紀に入ると飛躍的に増加し、年齢でみれば五十代でピークに達する（柳谷前掲書）。したがって、平左衛門の母の場合も、まさしく、これに該当すると言ってよかろう。

入湯の位置づけ

なお、入湯は、江戸期にあっては単なる気分転換を図るためのものではなかった。『養生訓』中に、「湯治は、いっさいの病によし」とあったように、第一の目的は病気の治癒にあった。そして、この点に関しては、すべての階層および地域の日本人に共通するものであったと見なせる。たとえば、中村平左衛門と同じく、歴代当主が大庄屋職を勤めた越前福井地域の杉田家が所蔵する文書（「杉田家文書」文書整理番号一八―一六―七）には、江戸期のものとして、「入湯治療一件願書綴」なる史料が含まれている。すなわち、北九州地域のみならず、福井地域においても、入湯は「治療」の一環として位置づけられていたのである。

中村稲荷の建立

さらに母との関係で興味深いのは、一見ささいと思われるようなことでも、極力、母の希望にそおうとする姿勢が際立つことである。たとえば、天保十年（一八三九）

十月二十九日の朝、どこから進入したのか分からなかったものの、老いた一匹の狐が平左衛門の役宅屋敷（平左衛門は、文政五（一八二二）年に小森手永の大庄屋に就任して以来、移り住むことになる各手永の最寄り地に役宅を建設した）の隅で死んでいるのが見つかった際がそうであった。狐が死んでいるのを見つけた平左衛門によれば、その死に様は、東にあった小木のうえに頭をのせ、北に向け四つ足を揃えたものであったという（なお、『養生訓』によると、東を枕にして寝るのが体に一番良いとされた）。

　これを、「はなはだ怪異」と受け止めた平左衛門が母に話すと、母は「老狐を稲荷に祭りたい」との「望み」を彼に伝えた。その結果、十一月八日に、この老狐を祭る「中村稲荷」が彼らが居住する村内に建立されることになる（第七巻）。稲荷は、五穀の神である倉稲魂（うかのみたま）神を祭ったもので、農民にとっては最も重要な存在であった。このように、平左衛門は、極力、母の意に副うように図ったのである。

## 人生で一番幸せな日

　そして、還暦を祝う六十一歳の賀は当然のことながら、母が数えの七十歳を迎えた天保十四年（一八四三）の二月十四と十五の両日には、親族や知人を招いて「慈母君七十賀宴」を催している（第一巻）。ついで、十年後の嘉永五年（一八五二）の二月には、「八十賀（の）祝い」をやはり催した。母は、この時、実際は七十九歳だったが、同月の十四日に嫡子の泰蔵（平左衛門が今津村のりうという女性に産ませた。りうは、文久二年の三月二十七日に病死した）が結婚したので、「一年を加え」て、この月におこなったのである。

いうまでもなく、「祝儀」を重ね合わすことで、より「めでたさ」を演出しようとしたものであった。そして、二月十五・十六両日にわたって開かれた慈母八十歳の賀祝と息子の婚礼祝儀とを兼ねた祝宴には、親族のほかに、同僚の大庄屋や配下の子供役・庄屋らと村人が招かれ、盛大なものとなった（第八巻）。それ故、母親想いの平左衛門にとって、この両日は彼の人生で一番幸せな日になったと想像される。

母を手厚く介護

もっとも、このあと、さすがに老齢に達した母の体調はすぐれなくなる。そのため、平左衛門は、公務中ではあったが帰宅して母の看護に努めることが多くなる。すなわち、嘉永七年（一八五四）の閏七月十一日、母が「少々不快」だとの知らせをうけた平左衛門は、奉行に伺ったうえで即刻帰宅している（同前）。少々の不快でも彼はこのような行動にでたのである。そして、九月十一日に、母が「昼時分より胸痛にて不快」だとの連絡をうけると、やはり公務（見分）中であったが、「御役筋」等に断わって、「即刻帰宅」した。

ついで帰宅したあと、母が「これまで胸痛」を訴えたこともなく、そのうえ「食事も、いっこうあい用い申さざるにつき」、つまり全く食べられないことに、「誠に心魂を痛め、終宵（＝夜なか中）介抱」することになる（同前）。そして、こうしたこと（＝公務中に帰宅して母の介護にあたる）は、安政二・三年になると、たびたび起き、とうとう安政三年の八月晦日から母は「中風」を患い、軽度ながらも左半身不随となる。

その結果、「飲食・両便」「歩行」も人の手を借りなければならなくなった。そこで平左衛門は、十月二十五日に筋奉行に面会して母の看病にあたりたいと願い出ることになる（第九巻）。ついで、母は、このような息子の手厚い庇護を受けたうえで、翌安政四年（一八五七）の六月二十日、八十四歳の高齢で黄泉の国へと旅立った。それは、計六名の医者を次々に動員したにもかかわらず、「功験」がなく、「漸々」に「衰」え「老木の朽ちるがごとく」迎えた死であった。まさしく、天寿を全うしたといえる死であったが、平左衛門は「慟哭《どうこく》のまま打ち臥《ふ》」せ、葬儀など諸事いっさいを倅の泰蔵や親類に任せねばならないほど（また、六月二十六日以後は、体調不良も重なって、日記を付せないほど）、その受けたショックは大きく深かった。

## 母の死と慟哭

このことは、平左衛門にとって、母の看病・介護が、親に対する子供（とくに家長）の孝行の一つであるといった義務感によるものではなかったことを物語っていよう。心の底からの看病であり介護であったのである。現代社会では、とかく姑の悪口などを子供に喋っていながら、自分だけが子供や孫から愛されたり大事にされることを期待する風もないとはいえないが、こうしたことは本来ありえないのである。さらに、後日談を一つ付け加えると、母の死後、三年以上が経過した万延元年（一八六〇）十月の時点で、平左衛門は、亡き母の肖像画の制作を絵師の柏木豊渓（蜂渓）に頼んでいる（十月十四日条。第十巻）。彼は目に見えるかたちで亡き母の面影を確かめたかったのであろう。

母方とのつながり

なお、ことの序でに記すと、平左衛門は、父を早い段階で喪ったためか、母方との精神的なつながりが深かったようである。たとえば、このことは、天保九年の八月に外祖母（母方の祖母・母の実母）を亡くした際に明らかとなる。この祖母は死去の「両三年以前」より平左衛門方へ「滞留」していた。しかし、この年の六月下旬頃から「不快にて漸々食気も減じ、精力も衰え」、二人の医者を診察に当たらせたものの、「老病のゆえか、少しも」効験がなく、「日夜に衰え」、八月十日未明に死去した。「当年八十三歳」の「極老」であった。まずは老衰による大往生（言い換えれば、尊厳に満ちた最期）であったと評せよう。

ところが、平左衛門も彼の母も、ともに嘆き悲しんだ。とくに、祖母の「愛子」を自覚していた平左衛門は、祖母の優しさを病中でも垣間見たと日記に書いた。それは、祖母が、病中にありながら、自分のことはさしおいて、風邪気味の孫の「事のみを……気づかって」くれたというものであった（第六巻）。したがって、大変な孝行息子であった平左衛門の優しさは、突然生じたものではなかったと言える。祖母の相手を思いやる心持ちが代々受け継がれた結果が、孝行息子の誕生につながったのである。さらに付け足すと、平左衛門の母と祖母は、現代人の多くが、延命治療を受けた結果、ともすれば生じがちな終末期の孤独といったものを味わわないで済んだと見てよかろう。まずは、両人とも幸せきわまりない大往生であったと評せる。

不孝至極の者

もっとも、いささかしつこくなるが、これは平左衛門の置かれた、ある種、特殊性にもよったと思われる。それは、彼が庶民ではなく、経済的にも文化的にも恵まれた上層農民だったからこそ、こうした優しさが余裕で生まれたということである。江戸期の民衆は、概して親孝行であったと考えられるが、むろん、当時にあっても、親不孝者は少数ながらいた。たとえば、平左衛門日記の文政十三年（一八三〇）四月十九日の条（第四巻）には、老いた母に対して、いつも暴力を振う「不孝至極の者」のことが載っている。こうした事例を念頭におくと、平左衛門の母や祖母に対する異常とも見えるほどの優しさの背景には、やはり彼が精神的にも経済的にも恵まれた特権階層の一員であったことが、大いに関係したであろうという事実が垣間見える。

## ㈢平左衛門の病気と老いの進行

足痛

さて、つづいて、本章の主人公である中村平左衛門の病気と老いの進行状況を、ここで振り返っておくことにしたい。平左衛門の日記から判明するのは、彼が若い時分（二十代）から、体の不調に悩まされていたことである。そうした記述の最初の方のものとしては、文化十五年（一八一八）の二月五日の条に、「足痛」に見まわれたことが記されているのが目にとまる。これは、前日、豊後（現大分県）の宇佐神宮へ参詣するために出立したものの、この日「足痛」のため引き続き連泊せざるをえなくなったとの記述である（第二巻）。

そして、この足痛は若い平左衛門にとって半ば持病のようなものとなったらしく、四年後の文政五年（一八二二）三月には、足痛の治癒を目的に長州藩領内の川棚温泉へ十数日間、赴いている（第一巻と第三巻）。江戸期は、支配者階級に属する若者の間での足痛はけっして珍しいものではなかった。現に、平左衛門の日記にも、足痛のため出府ができなくなった小倉藩士のことが出てくる（天保九年六月十三日条。第六巻）。これは、彼らが白米を常食としたことによるビタミンB不足の結果であった。また、それにとどまらず、なにかにつけ贅沢な食事をしたので、糖尿病を煩うことにもなった。つまり、そのため、末梢神経がおかされ、慢性の足の痛みや痺《しび》れなどにも悩まされることになった。とにかく藩主や藩士、それに民間人を問わず、上層に属した人物に足痛は避けがたい宿命であった。また、ビタミンB不足との関連で目につくのは、口内炎に苦しむ人物も多かったことである。たとえば、平左衛門の妻（節《せつ》）も妾（伸《のぶ》）も、息子泰蔵の嫁（おまさ）も、各人それぞれ口内炎に悩まされている。

平左衛門の足痛のことを知るうえで、軽視できないのは、天保九年（一八三八）五月一日の条（第六巻）に、「小子義先々月二十四日より疝癪《せんしゃく》にて、右の膝頭痛み、歩行あい成りかね、……今日は……八幡宮へ参詣仕る、……誠に杖にすがり参り候事、この病気は二十ヶ年以前発病にて、その翌年もあい煩い、また一年を隔て、十七ヶ年以前もあい煩い候」云々とあることである。

天保九年は平左衛門四十六歳の時にあたり、その二十年前に発病したというのだから、やはり文化十五年、二十六歳の時点から足痛に苦しめられだしたことが裏付けられる。さらに注目すべきは、平左衛門自身が、右の日記中に、足痛の原因として「疝癪」なる病名を挙げていることである。これは、死にただちにつながる病気ではなかったものの、背中から胸・腹部にかけて、大小腸や腰部がひきつるように感じられる病気であった。平左衛門自らの説明によれば、「背より腹を引っぱり、立ち居、歩行」に支障をきたす、真に厄介な病気であったらしい（天保三年五月二十三日条。第五巻）。そのため、天保三年（一八三二）の十二月には、「癪気」による「足痛」のため、馬に乗って郡屋に出張せざるをえなくなる（十二月四日条。第五巻）。

その他、平左衛門に足痛をもたらした一因としては、淋病に罹患したことが挙げられる。このことは、日記の天保三年閏十一月十一日の条（第五巻）に、「両三日以前より麻症（＝淋病）再発、歩行あい成りかね候間、（到津社へ日和乞祈祷のため）参詣仕らず候」とあることで判明する。彼もまた御多分にもれず、遊蕩の場とまったく無縁ではなかったということであろう。

また、足痛に限らず、若い時分から平左衛門は、体調不良にさんざん悩まされた。たとえば、文政十二年（一八二九）の正月下旬から「不快」感をおぼえ、三月中旬まで、ほぼ二ヵ月にわたって、出勤出来なかった。さらに、それにとどまらず、二月から三月中旬にかけては、気分がすぐれなかったため、やはり日記を付すことが出来なかった（正月十八日と二月三日の条。第四巻）。そして、これ以後も、彼の体調は勝れず、ことに天保七年（一八三六）が酷かったようである。この年は、ほぼ一年間にわたって「不快」な状態が断絶的に続き、日記をつけることを止めたり、大庄屋の会合に駕籠で出かけることを余儀なくされたりもした。

### 大庄屋の日記の一般的な特色

このように、彼は、自身でも認め、また他人からも、「多病」と見られたが、では彼の病気は、この他にどのようなものがあったか。以下、日記に具体的に病名が書かれているものを幾つか紹介することにしたい。もっとも、ここで最初に断わっておかねばならないことがある。それは、現代人の日記のように、自分の病気にのみ向き合い、その症状を、こと細かに記すようなことは、平左衛門の場合、ほとんどなかったということである。すなわち、彼の症状は公務との関係で記されるのが常であった。つまり、病気で大庄屋としての職務が果たせない場合に、その理由として病気のことが記されたのである。そして、これは、彼のような立場にあった人物が書く日記の、ごく一般的な特色であったと思われる。

痔疾に苦しめられる

平左衛門が悩まされた病気（?）の中で最たる位置を占めたのは痔疾であった。これは、いうまでもなく、「肛門およびその近接部分の疾病の総称」を指した（『病家須知』資料篇）。江戸期の日本人は、畳のうえに長い時間にわたってじかに座る生活をしたうえ、現代人と較べ食物繊維の摂取量が格段に多かったので、トイレに駆け込む回数も少なくなかった。そのため、痔疾に苦しめられることになった。むろん、この痔疾に苦しめられる人物には身分の差などなかった。畏れ多いことだが、もともと頑固な痔を患っていた孝明天皇などは、下血の量が酷く多い時には失神することもあったとの話が洩れ伝わっている。したがって、平左衛門が痔疾に苦しめられたのも例外的な事例ではなかった。

彼の日記には、痔疾のことが、しばしば登場する。たとえば、安政三年（一八五六）七月五日の条（第九巻）などがそうである。「両三日以前より痔疾強く、二・三丁の歩行もあい成りかね候」云々とあるのがそれである。一丁は、いまの約一一〇メートルにあたるので、わずか数百メートルの距離を歩くのにも難儀したということである。

平左衛門が痔疾に激しく苦しめられ出したのは、どうやら天保七年（一八三六）以前からのことであったらしい。日記の天保七年七月二十五日の条（第六巻）に、「小子義持病の痔疾、近来はなはだしくあい成り候間、今日より引きこもり、療治致し候。……今朝より痔疾の痛み誠にはなはだしく、堪えがたき程にこれ有り候」と書かれているからである。

痔疾に対する一般的な対処法

そこで、平左衛門は、この日から自宅に引き籠って治療に努めることになったが、それは、いつも担当医から処方してもらっていた「膏薬《こうやく》・煎薬・粉薬等」を用いたものであった。そして、「粉薬には真銖（珠）」が含まれた（その代金は二歩二朱であった）。かなりの出費をともなうものだが、おそらく、こうした治療法が当時一般的な対処法であったと思われる。

セカンド・オピニオンを採用

もっとも、平左衛門は、春以来患っていた「大病」が回復していなかったので、「粉薬・煎薬等」は服用しなかった。その代わり、別の医者に処方してもらった「補薬」（「大補湯」と呼ばれたもの）を服用した。彼は、経験にもとづいて、これまで医者から処方してもらっていた薬が効かないこともあってか、セカンド・オピニオンを採用したのである。ここには、必ずしも医者の言いなりにはならなかった平左衛門の姿が垣間見られる。彼は、あくまで自分の体（経）験を優先したのである。

馬糞治療法を採用

が、残念ながら、これも効果がなかったらしい。そのため、翌日（七月二十六日）から、新しい方法が試されることになる。藁《わら》にもすがる思いでいた平左衛門が、つい「先日御手代」の高畠慶右衛門なる人物から知らされた治療法であった。それが馬糞を用いて肛門を暖めるという治療法であった。尾籠《びろう》な内容となるが、現代人にとって興味深い治療法なので、以下かい摘んで紹介することにしたい。

まず薬として用いられたのは、「馬の糞の新しきを藁苞に包み、小便に三日ほど漬けたものであった。そして、この汁の水分を切ったうえで、それを焙烙《ほうろく》（＝鍋）に入れて、上を木綿の切れ端《はし》で覆って竈《かまど》にかける。ついで、炭火にて暖め、そこから出てくる火気《ほけ》（湯気のようなものか?）を「日（＝昼間）に五・六度、夜（＝夜間）に二・三度」肛門にあてて温めるというのが、そのやり方であった。

なお、この時、直径「五寸（＝約一五センチ）ほどの丸き穴を明け」た箱を作り、それを焙烙の上にかぶせ、そこに座ったという。そして、この新しい治療法は、いままでの治療法とは違って、痛みも痒みもともになく、「十九日ほど」続けた結果、「全快」したという。彼にとって、まさに画期的な治療法となったのである（第六巻）。そして、平左衛門は、よほど嬉しかったのか、治療が終了した八月十四日、戯れに次のような歌を詠んだ。

此よふな薬か又とあら馬のふんづけつつの穴の病に

解釈は控えるが、江戸人の遊び心・ユーモア精神を感じるとともに、いったん「全快」した彼の悦びが十分に感じとられる歌であろう。ついで、このあと、平左衛門は、痔疾が極度に悪化した際には、この新たな治療法を採用している。もっとも、それでも痔疾が完治することはなかったようである。彼は、天保十年・十一年と続けて療治をおこなっている（第七巻）。そして、時に烈しい痛みが襲ってきた際には歩行が困難となり、駕籠を使って出張することになった（天保十一年十一月二十九日条。第七巻）。しかし、他にすがれる治療法もなく、けっきょく、この馬糞法を最後まで採用した。たとえば、老年期にあった文久元年（一八六一）の十月二十五日から「近来持病の痔、はなはだしく、歩行難義につき、馬糞療治」を始め、十一月十六日にそれを終了している（第十巻）。丁度、三週間におよぶ治療であった。

さて、痔疾に関してはこれ位にして、他の病気の話に移ることにする。平左衛門の病気として、風邪や歯痛・眼病の類いは別にして、その他で目につくのは、先述した「疝癪」以外では、「黄疸」や「瘧《ぎゃく》病」といった病名である。

### 黄疸と診断される

平左衛門日記の天保七年（一八三六）四月七日の条（第六巻）には、彼が「黄疸」によって激しい疲れをおぼえ、眩暈《めまい》に苦しめられていることが記されている。それによると、この年の二月下旬に平左衛門が医者によって「黄疸」と診断され、その後、三月下旬まで手当をし、ようやく四月に入ってかなり回復したこと、しかし「長病にて、ことの外、疲れ」をおぼえ、また「心気不足」して、「眩暈の症」があることが判る。ついで、ようやく、平左衛門が久しぶりに出勤するのは四月十七日のことであった。

だが、平左衛門は、この時点でも、いまだ「ことの外、疲れ」を感じざるをえなかっ

## 瘧病

た（四月十八日条。第六巻）。そうしたこともあって、五月三日の大庄屋の会合は「不快」を理由に欠席している。また翌六月に入ると、今度は高熱や頭痛にも悩まされた（六月十四日条。第六巻）。黄疸は、一般的には肝臓が悪くなって皮膚や眼・尿が黄色になると出る病気なので、平左衛門は肝臓に爆弾を抱えていた（肝硬変などにつながりかねない肝臓の病を患っていた）のかもしれない。

「瘧病」は、「瘧痢《ぎゃくり》」「瘧疾《おこり》」とも呼ばれ、「隔日または毎日一定時間に発熱する病で、多くはマラリアを指」した（『病家須知』資料篇）。すなわち、急激に発熱したのち平熱に変わるマラリアに類する病気であった。そして、この病気については平左衛門自身による記述（説明）がなされている。それによると、この病気は、「格別強き症」ではなかった（つまり致命傷〔症〕となるような病気ではなかった）ものの、発症前から食欲不振を招き、「殊《こと》の外《ほか》衰弱いたし、両便も床にて取り候」ほどの状況に追いやられたらしい。そして、「悪感の気味もこれ有り、精力弱く、惣身腫気これ有り、足は別してはなはだしく、歩行・立ち居等、むづかしく覚え」させることにもなったという（安政四年六月二十五日条。第十巻）。

もっとも、この記述は、最愛の母を喪った直後のものなので、精神的なショックも大きく係わったと考えられる。それ故、割り引いて見なければならないが、こうした病気にも、平左衛門は苦しめられたのである。

糖尿病患者は見い出せず

なお、これは当り前のことかもしれないが、平左衛門のみならず、彼の管轄下にあった地域住民の間には、糖尿病を思わせる患者の姿は見い出せない。糖尿病になる要因が大酒・美食・運動不足・強いストレスだとされ、民衆がそれらと縁がなかったことを考えれば、このことは至極納得がいく。そして、このことと大いに関係するが、私が平左衛門の日記を見ていて改めて知ったのは、いわゆる砂糖に代表される甘い物が、地域社会には極端に出まわっていなかったことである。

平左衛門の日記によると、すでに文政年間（一八一八～一八三〇）には「白砂糖」が彼の住む地域でも手に入ったようである。ここで言う「白砂糖」とは、われわれが日常眼にするそれではなく、「氷砂糖」であった可能性がどうやら高い。だが、そうした「白砂糖」でも病気見舞いの御礼や仕事上の付き合いにともなう贈答用としてしか姿をみせない（文政四年四月十九日条〔第三巻〕。安政五年七月五日条〔第十巻〕他）。たとえば、『小森承之助日記』の文久二年十二月晦日条（第二巻）によると、大庄屋クラスは、歳暮に「白砂糖」や「黒砂糖」を互いに送りあっている（その他、「砂糖漬」「飴」「菓子」「金平糖」「羊羹」なども贈られている）。したがって、幕末最終段階になると甘い物が相当程度上層農民クラスには浸透したらしいことが判る。が、そうそう味わえるものではなかったのである。現に、奉行などが廻郡の際、おやつとして差し出されたのは、栗や柿・梨の類いであった（文政五年九月五日条。第三巻）。これでは、糖尿病になりたくてもなれなかったはずである。

元のラインにもどる。このように、様々な病気に若い頃から、さんざん苦しめられ続けた平左衛門であったが、彼に残された究極の対処法は、神仏の力にすがることであった。すなわち、病気になると、医術がいまだ未熟だった当時にあっては、全快祈祷の「御守札」を受けとり、それに守ってもらうことしか手立てがなかった。そして、これは、平左衛門のみならず、当時の人びとにとって、ごく一般的な対処法であった。

疫神社等への祈願

彼の日記を見ると、対象となった神社としては、下曽根村にあった疫《えき》神社や津田八幡宮等の名前がたびたび登場する。なかでも疫神社への平左衛門の関わり方は深かったといえる。この疫神社とは、おそらく京都市の東山区にある八坂神社の摂社である疫神社の末社であろう。同神社は、祭神が素戔鳴尊《すさのおのみこと》をもてなしたことで子孫が疫病を免れた故事を有した。そのため、無病息災を願う参拝者を多く集めた神社であった。

平左衛門は、天保六年（一八三五）の五月二日から、天保九年（一八三八）の七月十二日まで、日数でいえば一一七二日の間、この神社へ参詣し、この日「満願」を迎えた（ただし、この間、「遠慮の日」として二〇日間、また「勤用・不快等にて」倅の泰蔵もしくは他の者が代参した日数五六七日をふくむ）。しかし、それにしても「三ヶ年」におよんだ「立願」であり、こうした神社の占めるウェイトの大きさを改めて我々に教えてくれる（天保九年七月十二日条。第六巻）。

身退窺いを提出

さて、平左衛門は、このように体調不良や足痛に苦しめられ続け、それを医者から処方してもらう薬や、疫神社等への祈願によって乗りこえようとした。そして、むろん、これは彼の老いの進行と裏表の関係にあった。つまり、平左衛門における老化の進行にともなって病気が多発し、それが彼の職務の執行を年々妨げることになったのである。そして、とうとう六十代に入っていた安政二年（一八五五）の正月二十四日に、京都郡への郡替え（延永・新津大庄屋の任命）を命じられた（第九巻）後、同年の六月に彼は役義御免を願いでることになる。

六月二十三日付で出された彼の身退窺い（第九巻）には、辞職を願い出ねばならなくなった理由として、①老衰の進行にともなう気力の低下、②新しく赴任した京都郡を把握できないでいること、③痔疾の悪化、④「痳症」による頻尿、⑤記憶力の低下、⑥視力の低下、⑦歩行（とくに遠出）困難が挙げられている。なんのことはない、現代社会でも高齢者が自主的に退職を願い出るときに掲げる理由のすべてが網羅されていると言ってよい。

一日二・三里は歩ける

もっとも、少々笑いを誘うのは、歩行困難に関わる箇所である。平左衛門は、「近来脱肛強く遠足あい成り兼ね申し候。もっとも随意独歩仕り候えば、一日二・三里くらいはあい運び候へども、人に随い候ては少しも歩行あい成り申さず」云々と記した。痔疾のために、廻村等で藩の役人や仲間と遠出をする際、彼らのペースに合わせて歩けないことが辞職の理由とされたわけである。だが、マイ・ペースだと、「一日、二・三里くらい」は歩けると書かれていることが、なんともいえず可笑しい。これでは、われわれ現代人の考える歩行困難の範疇には入らないと思われるからである（一里は約四キロメートル）。

しかし、見方を変えれば、地方行政を担当していた藩の役人や村役人が、いかに当時歩いていたかを知りうる記述だといえるかもしれない。そして、これは、平左衛門が「多病」の身でありながら、最終的には長命を保った理由の一つともなろう。

平左衛門は、若い時分から、とにかく歩くことが頗る多かった。これは、まず彼の職責によった。すなわち、先述したように、大庄屋職最大の職務は、年貢米の藩への収納をはたすことであった。そのため、大庄屋の会合がしばしば開かれた郡屋への出張の他、定期・不定期にかかわらず、管轄下の農村の見廻り（廻村）も欠かさなかった。いうまでもなく、蝗《いなご》を中心とする虫害の発生や、日照り、多雨・突風に象徴される天候不順や風水害の発生が、農村や漁村をたえず襲ったからである。また小倉藩の場合は、海岸地帯を多く含む領国であったから、納塩のための塩浜の見廻りもあった。また、これ以外に、藩主一行の「御茸狩」「鷹狩（鷹を使っての雉や鷺・鴨・鳩の捕獲）」「鮎釣」「鹿狩」に同行することも求められた。いわゆる道案内のためであった。

さらに挙げれば、公私双方の理由で盛んにおこなった神社・仏寺への参詣も彼の足腰が鍛えられる手助けとなったことだろう。もっとも、その反面、皮肉なことに、村々の見廻りや寺社の参詣等は、当然のことながら、気候の良い時期を選んでなされたわけではなかった以上、平左衛門の体調を崩す一因ともなったと想像される。すなわち、暑い時期や寒い時期の公務は、彼の体調悪化に手を借したものと思われる。

だが、それ以上に、歩くことは、平左衛門の長寿に貢献したと考えられる。平左衛門は、これまで長々と記してきたことからも判るように、格別、強靭な肉体に恵まれていたわけではなかった。いや、むしろ、その反対であった（身体機能は良くなかった）と見なしてよかろう。その彼をして、大庄屋職を長年にわたって勤めさせたのは、歩くことで脚力が鍛えられ、それが循環器系の障害を阻止し、脳の働きの低下を遅らせたと推測される。また、併せて、高血圧や心疾患等の、いわゆる生活習慣病から遠ざけさせたと思われる。

いずれにせよ、身体機能の低下は、疾病や怪我を除けば、加齢と不活動に起因するといわれる（楠本秀忠他「季節変動が身体活動量に及ぼす影響」）。平左衛門は、現代人のように、意識して日常生活において運動することを心がけたわけではなかったが、職務が彼を救ったのであろう。人間だれしも、動ける間は、身体を動かせということだろう。

## ㈣妻の死と伊勢参宮

さらに、平左衛門の歩行能力との関係で興味深いのは、彼の生涯でただ一度おこなわれた伊勢参宮時である。これより前、彼の妻であった節（本家為延の嫡女で、文政二年〔一八一九〕の二月に結婚した）が、嘉永五年（一八五二）九月二十六日に、四十九歳で亡くなる。彼女は「生質虚弱」で、この時すでに「十余年以来」病気に苦しめられている状況下にあった。もっとも、治療をうけて、いったんは「快気」にむかい、弘化四年（一八四七）には、御礼（「願解」）として、讃岐の金毘羅宮へ参詣し、そのあと伊勢神宮もふくむ上方旅行も楽しんだが、やがて病気が再発し、前年の「十月頃より、あい臥」せ「漸々に衰」えたうえで迎えた死であった。

この妻の死を、平左衛門はきわめて淡々と受け入れた。それは、彼が人事を尽くした結果だと納得できたためであった。このことは、「祈祷・治療・介抱等は手を尽くし候えども、誠に天寿の尽る所にて致し方もこれ無く、嘆かわしき次第也」と、その日記に簡潔に記していることで判る（第八巻）。いつの時代でも、介護の手を抜かずに看取ると、哀しい中にも、残された者の胸の中に安らぎの念が生じるということであろう。ついで、九月二十八日におこなわれた葬式は、平左衛門が、「われわれ式の葬送には大いに過分の事にて、実に勿体なきほどに存ぜられ候」と日記中に書いたように、総勢「三百二・三十人ほど」を集めた盛大なものとなった（同前）。

参宮ができる条件が整う

そして、このことと、先述したように、①息子の泰蔵が嘉永五年の二月に結婚し、そのあと安政二年の八月二日に津田手永大庄屋本役を仰せ付けられた（つまり、事実上、平左衛門に代わって中村家の当主となった）こと、②最愛の母が安政四年の六月に死去したこと、③安政五年の十二月一日に、泰蔵に跡継ぎとなる長男（すなわち、平左衛門にとっては孫にあたる。虎之助と命名された）が誕生し、生命のバトン・タッチがなされ、後顧の憂いが無くなったこと、④また、この年の十一月に、前年の十一月に焼失した津田村の役宅が再建されたこと、等が平左衛門をして伊勢参宮をどうやら思い立たせたようである。

すなわち彼は、長年、「参宮の思願ありといえども、ただ官事に絆《ほだ》され、ほいなく光陰を送」っていたが、肉親のあい次ぐ死や息子の自立によって、ようやく決行できる条件が整ったと判断したらしい。そこで、安政六年（一八五九）の二月一日、伊勢参宮の願書を藩に提出し、許可を得た後の二月九日、郷里を出立する。同行者は妾（事実上の後妻）伸《のぶ》と僕《しもべ》（＝使用人）の清吉ら五人であった（第十巻）。

なお、伊勢参宮は、十七世紀はまだ盛んではなかったものの、十八世紀に入ると参宮者が増加し、幕末の一八四〇〜五〇年代にピークを迎えたとされる（小野寺淳「道中日記に見る伊勢参宮ルートの変遷」）。すると、平左衛門一行の伊勢参宮は、まさにブームの最終段階になされたものと言える。

それはおき、この旅行は、四月十五日に帰宅するまで二ヵ月以上（六十六日）におよぶ長期のものとなったが、この間、彼らは西日本各地の主たる名所旧跡は、ことごとく訪れている。まず行きは、防府天満宮・錦帯橋・厳島・書写山・須磨寺・石清水八幡宮等を経て、二月二十八日に京都に入った。

### 九里余を一日で歩く

この日、平左衛門らは、平等院等を訪ね、伏見街道を通って三条大橋近くの宿舎（豊前屋良助方）に「夜五ツ（＝午後八時）前時分」に到着したが、一日の行程は「九里余」におよんだという。当初、この日の内の入洛は考えていなかったものの、「宇治茶肆（＝茶店）より壱岐国真言宗の僧と道づれになり、その僧いたって面白き人物にて、四方《よも》山《やま》の雑話にまぎれ、おぼえず道」がはかどったためであった。それにしても六十代半ばを過ぎた（六十七歳）老人が、「九里余」の道を、途中茶店で休息したとはいえ、一日で歩いたとは驚くべき脚力であったと言えよう。

### 闘鶏を見る

ところで、平左衛門らは、京都では三月三日に御所の建春門（日の御門）から中に入り、清涼殿前で闘鶏を見ている。その直前、彼は紫宸殿前にあった庭の砂を「少しいただいて懐中」に収めた。これは、一緒に御所内に入った夥しい数の民衆が「御守になる」と懐に入れたのを受けての行為であった。京都市中および周辺住民の朝廷（天皇）に寄せる関心と期待がどの辺にあったかが窺える点で興味深い。

ついで、平左衛門らは、清涼殿の前で闘鶏を見学することになったが、二・三人が組になって自分たちの肩に老人や婦人をのせて拝見させたために、彼らは代る代る見ることが出来た。そして、この日の体験を、平左衛門は、「余、当年六十七歳にして幸いに上京し、恐れ多くも御築地のうちに立ち入り、御殿向ことに闘鶏をも拝観せし事、実に冥加（＝神仏のおかげ）の至り也」と、日記に綴った。そして、このあと、北野天満宮に参詣し、二条城の堀際を通って宿舎に帰ったのである。

驚くべき脚力

平左衛門の健脚ぶりがより明らかになるのは、三月八日に離京して伊勢に向かって以降のことである。すなわち、三月八日から十二日にかけて、それぞれ六里半・五里半・八里半・七里・七里といった具合に距離をかせいで、三月十三日に宮川に到着した。また、伊勢を出発した三月十六日後は、九里・九里・十里とやはり距離をかせいだ。

もっとも、これは馬や駕籠を随時用いてのものであったから、割引いて評価しなければならない。ただ、長年の念願であった伊勢参宮（伊勢外宮・内宮・本社などを巡拝）を終えて大坂へ戻る途中の三月十九日、彼らは三輪神社や多武峰《とうのみね》の参詣をおこなったが、この時は馬にも駕籠にも乗らずに「七里半」ほどを歩いている。そのため、さすがに平左衛門は、日記に次のように記すことになった。「この日、行程七里半くらいの事なれども、坂道ばかり、そのうえ馬・駕（籠）にも乗らざりしゆえ、大いに疲労におよびし也」。六十七歳という彼の年齢を考えれば、やはり驚くべき脚力であったと改めて評さねばなるまい。

現代人の我々でもそうだが、老化は眼と足腰からやってくる。現に、平左衛門も、「余がごとき老脚」（三月三日条）と、年老いて脚力が衰えていたことは自分でも十分に自覚していた。それが、こうした尋常ではない健脚ぶりを発揮できたのは、次のような理由によろう。それは、やっと念願（「宿志」）がかなった喜びからくる心の張りや、旅先での、いい意味での緊張感が、彼を一時的に元気にさせたのだろうということである。

名物料理を食す

また、平左衛門らは、道中、各地で名物料理を食している。たとえば、南禅寺の茶屋では「湯豆腐」を、近江の唐崎の茶屋では「なまずの焼魚」を、同じく近江の水口では「泥鰌汁」や「焼鳥」を食している。したがって、とにかく、よく食べよく飲み、よく歩いた六十六日間であったと見なせる。

帰郷後の平左衛門

さて、彼らは、こうした長旅を終えて郷里に帰ったが、伊勢から戻ったあと、平左衛門の体調が良くなることはなく、むしろ徐々に悪化していった。そうした具体例をいちいち挙げるわけにはいかないが、平左衛門は、体調不良（当時の言葉でいえば「不快」）によって廻村を延期し、大庄屋の会合への参加や寺社への参詣を断念せざるをえなくなることが多くなる。しかし、平左衛門が、こうした状態でありながら、彼の退役が藩によって認められることはなかった。

これは、むろん、彼の経験と能力が考慮された結果であったが、理由はそれだけではなかったと思われる。江戸期は、我々が考えるよりもはるかに、老齢を理由とする退職を認めない社会だったからである。武家においても民間においても、七十歳や八十歳を過ぎても退職が認められないケースはざらにあった。たとえば、幕府領出羽国村山柴橋《しばはし》村（現、山形県寒河江《さがえ》市）では、幕末まで、男性は八十歳になるまでは当主の座を降りず、七十代はいまだ現役の年齢であった（柳谷前掲書）。

### 藩の慰留と特別扱い

こうした時代背景もあって、平左衛門も自身の退役を実現するために大変な苦労を味わうことになる。安政二年六月に彼が身退窺いを提出した所までは既述したが、このあと藩は平左衛門に対し、とりあえず「ぜひ当年だけは、あい勤めくれ候よう」にと慰留に努めた（六月二十四日条。第九巻）。そして、誠意をみせようとしてか、同年の十一月十七日に「菱御紋麻御上下」を平左衛門に与え、かつ本苗（自分苗）を許した（十二月二十九日条。第九巻）。

大庄屋は、勤務中、自分の管轄下にあった手永名を公称として使用するのが決まりであったので、平左衛門が本苗の中村を名乗れるようになったのは、まさに特別扱いに他ならなかった。ついで翌安政三年（一八五六）の正月四日には、平左衛門に対して、「御礼の順」を「企救郡大庄屋上席（六郡大庄屋上席）」とすることが達せられる。これも例外措置であった。その結果、平左衛門は「誠にもって未曾有の事にて冥加至極、有り難き仕合せに存じ奉り候事」と受けとめた（同前）。

なお、ここで平左衛門が財政難に苦しむ藩から、時に献金を命じられ、それを借金してまで調達したり、あるいは年貢の増徴を求められたりするなど無理難題を押しつけられたにもかかわらず、なぜ体制べったりの大庄屋に止まったのか、その理由を振り返っておくことにしたい。

大庄屋としての優越感

理由の中で大きな位置を占めたのは、大庄屋としての彼の優越感であった。すなわち、大庄屋は、なんだかんだと言っても、藩から優遇された。いま先程挙げた平左衛門に対する特別扱い（特例措置）などもその一つであった。また、平左衛門が、正月に城に召された際に給与された「お節《せち》」の内容を、わざわざ日記中に律儀に記し続けたのも、こうした御馳走を食することの出来る、わが身（分）に対する「誇り」の反映であった。

当然、これは配下の庄屋などに対する強烈な優越感となって表われる。たとえば、嘉永二年（一八四九）の十月二十一日に、前述したように、郡代の役宅で孝心貞実者に対して褒美が下賜されたが、この日の彼の日記が、このことをよく語っている（第八巻）。平左衛門は、次のように誇らしく、自分の受けた待遇が庄屋とは異なることを嬉々として書き記したのである。「白洲は青石を敷きつめこれ有り、庄屋と当人（＝褒美《ほうび》を下賜される者）は素足《すあし》にて出る。路次より入る。大庄屋は草履《ぞうり》をはき切椽より上る。刀は家来に持たせ置き候也」。そして、このような優越感は、いまだ若かりし頃からのものであった。すなわち、彼は、やはり郡代の役宅で褒賞《ほうしょう》が下された文政二年（一八一九）五月六日の条（第二巻）にも、次のように記していた。「大庄屋は郡目付と対座、板椽に蹉《つまず》く。庄屋・当人は白砂也」。

さらに加筆すると、こうした優越感は彼一人のものではなかった。大庄屋職にあった者に共通してみられた特色であった。たとえば、天保三年（一八三二）七月に、六郡の大庄屋は彼らの「身柄」に関する一件で会合をもち、大庄屋の「役威」について、近年「あい衰」えているとして、改めて自分たちの「権威」・「役権」が旧に復すような措置が講じられることを藩に対して求めることで意見が一致した（七月十日条。第五巻）。

大庄屋の役義が御免となる

それはさておき、前述のような平左衛門の自尊心をくすぐる措置が講じられたのと、彼の「保養」を認めたこと、それに配下の子供役二人に平左衛門の大庄屋としての仕事を手助けさせること等で、いったんは当年秋まで勤めることで折り合いがつく（安政三年二月一日と三日条。第九巻）。しかし、こんな小手先の対応で事が収まるはずはなかった。これ以後も、痔疾等による彼の歩行困難は進行し、とうとう安政四年の正月には持病で年賀の登城も出来なくなる（正月二日条。第十巻）。

そこで平左衛門は、この年の正月十四日、改めて「高齢」と「病身」を理由とする退身願いを提出する。これを受けて、ようやく延永手永と新津手永の大庄屋の役義が御免となる。併せて年来の功績により「格式大庄屋」の名目はそのままとするとの通知がなされる（正月二十七日条。第十巻）。が、ここに至っても、平左衛門は完全に職務から解放されたわけではなかった。

### 隠居生活が始まる

安政六年（一八五九）の十二月五日、企救郡筋奉行の西正左衛門から御用召の書状が届く。その主旨は、平左衛門の本家筋にあたる城野手永大庄屋平助（為勲）が死去したことにともなう、跡役への就任命令であった。そして、平左衛門は、「暫時」この役を引き受けることになる。しかし、平左衛門の老化の進行による体調不良はおしとどめられるものではなかった。万延元年（一八六〇）には、彼が楽しみにしていた年賀の挨拶として登城した際に「頂戴《ちょうだい》」する「御節《おせち》」も、体調不良による不参加で食せなくなる（正月四日条。第十巻）。そして、この後も、職務であった神社での日和乞祈祷等にも参加できなくなることが多くなってくる。そこで、文久元年（一八六一）の七月二十九日、改めて退役願いが提出されることになった。

この退役願いにおいて目に付くのは、「小子退身の義（を）急に（関係者に）あい歎きくれ候様に（＝哀願してくれるように）との趣意」が「委細」関係者に申し伝えられたことである（第十巻）。平左衛門としても、いよいよ急を要する事態におちいったのである。これは、彼が七十歳近い高齢者（六十九歳）となっていたことを考えれば真に無理はなかったといえよう。そして、ようやく、この段階で大庄屋の退役が認められ（ただし、格式大庄屋の身分はそのまま）、やっと彼の隠居生活が始まることになる。そして、彼の代わりに、城野手永人庄屋には息子の泰蔵が転任した。ついで、こうしたことを受けて、文久二年（一八六二）に津田村に隠居屋敷が建てられ、平左衛門は、ここに移り住むことになった（第十巻）。

病気と老化の進行をともに受け入れる

以上、長々と彼の病気と老いの進行状況について見てきたが、ここで、ぜひ強調しておきたいことがある。それは、平左衛門が自身の病気と老いについて嘆きの声（もしくは不平・不満）を発していないことである。現代の我々からすれば、他人の眼にまず触れることのない日記では、愚痴をこぼすのが、ごく普通のことだと思われる。ところが、平左衛門は、長きにわたって若い時分から綴った日記において、時に自身の病気への対処法は記すものの、まったくと言ってよいほど、自身の病気と老いの進行について、愚痴らしきものは吐いていない（いたずらに嘆いてはいない）のである。

もちろん、歩行が困難だといったことは、これまで紹介してきた所からも明らかなように記している。しかし、病気や老いの進行に対して、苛立ちのあまり激して怒りをぶちまけるようなことは、日記中といえども見せなかった。むしろ、淡々と病気と老化の進行を受け入れているかのようである。

老化による物忘れ

たとえば、日記の文久三年十一月七日の条（第十巻）には、彼にとって大事であったはずの「浮魂様御祭日」（毎年十月二十一日におこなわれていた）を「忘却いたし候間、今日御祓を上る。はなはだ不敬の至り恐縮の次第也」とある。これには当時、小倉藩と長州藩との間で緊張が高まっていた（第一次長州戦争中）が大いに関係していた。すなわち、平左衛門にとって、息子の泰蔵が出兵に備えて剣術の稽古に励むなど、祭礼どころではない状況下にあった。しかし、それ以上に、やはり、これは彼の老化の進行による物忘れの結果と見てよかろう。そして、平左衛門は、これ以上、なにも（自分の老化ぶりを嘆くといったようなことは）記してはいない。このことの前提には、おそらく、人の生命は天授のもので、命数《めいすう》（＝生命の長さ）はもとより決まっているとの思いが彼の中にあったためであろう。つまり、江戸人にとって共通の心のあり方によったと思われる。

## 三　地域住民の暮しと老病死

### ㈠喧嘩や盗難事件

これからは、中村平左衛門から離れて、彼がリーダーとして関わりをもった地域住民のことを見ていきたい。当時の地域住民に関わる在り方の特色として、まず指摘できることは次の点であろう。それは、現代の我々の社会で生じているのと、ほぼ同様のことが見られるということである。たとえば喧嘩や盗難事件は、しょっちゅう起こっている。

村々の間の対立抗争

ただ、現代社会では、まず起こらないであろう種類の喧嘩等はあった。たとえば、肥料の獲得をめぐる村々の間の対立抗争（当時の言葉で言えば「争論」）などが、それに該当する。すなわち、田畑の肥料や家庭での煮炊きの燃料となる草や薪をめぐって、村々の間で時に深刻な対立・抗争が生じた。とくに草は、田畑の肥料となるだけでなく、牛馬の飼料（干草）としても重要であった分、草刈りの場や、そのやり方をめぐって、しばしば抗争が展開された。他村民から見てあまりにも多く取る村や村人が出現したからである。また、日照りの日が続くと、農業用水をめぐる争いも、よく起こった。いうまでもなく、水の確保は、農業従事者にとって死活問題であったからである。さらに、漁場等をめぐって、漁師間の騒動（喧嘩）もまま発生した。

意外に多かった盗難事件

そして、時には喧嘩が原因での殺人事件も発生している。また、江戸期にあっても、盗難事件は意外と思えるほど多発している。多いのは衣類や金銭・牛・食物（米穀類）・農具類の盗難だが、少々変わったものでは地蔵尊・仏具類や水田に蒔きつけた苗代の籾を盗み取ったケースもある（文久元年三月二十一日条他。第十巻）。そして、こうした盗難事件は、幕末期に入り治安状況が目に見えて悪化すると、格段に多くなった。

色情による殺人事件の発生

その点では、さすがに殺人事件の発生は少ない。文政十三年（一八三〇）の四月に博奕をめぐる喧嘩で相手を刺殺した事件（第四巻）等、発生件数そのものは極めて少なかった。こうした中にあって注目されるのは、文政十二年（一八二九）の十二月二十八日夜に発生した事件である。これは、事件発生後の翌年六月の時点で六十三歳となっていた男によって引き起された事件であった（この男が、未亡人となっていた弟の嫁と五歳の甥を殺害し、衣類などを奪った）。

当時の恋愛観

調査の結果、「色情より起り候事」が判明したが、これに対して平左衛門は、「（同人）今年六十三才にあい成り候由、珍しき事なり、聞くさえも恥しく思われ候」との感想を日記に付した（第四巻）。色情（色欲）による殺人事件の発生は、当時にあっても珍しく、また恥ずべきこととされたのである（序でに記すと、若年層もふくめた男女間の交際も、やはり「色情」と表現されている。こうした表現の仕方に、当時の人びとの恋愛観が反映されていると言えよう）。

この他、夫婦や親子あるいは男女関係に目を転じると、夫婦喧嘩も、親子喧嘩も、離婚をめぐるトラブルも、駆け落ちも、家出も、不義（不倫）も、DV（ドメスティック・バイオレンス）も、捨子も、息子による母親の虐待も、心中事件も、それぞれ数は至って少ないものの、あるにはあった。その他、年貢や借金を払えずに一家で夜逃げしたケースもあった（天保三年十二月二十三日条。第五巻）。

姑をめぐるトラブル

なお、嫁・姑に関しては、次のような話が平左衛門の日記には残されている（天保九年十一月四日条。第六巻)。それは、主人が死去したあと、残された若い妻と幼子(娘)に係わるものであった。すなわち、主人の死後、この男性の実母が家に入り込んで来て、世話をやきだしたことによってトラブルが生じる。そこで、郡日付や庄屋等が話し合って、「若年の後家」と幼子を嫁の実家に戻すという提案をしたものの、姑によって拒否される。姑の申し分は、「子の家を親より世話いたし候段、なんぞ子細これ無し。この義については、どなた様までも申しひらき致すべし」というものであった。こうして、こじれた問題の解決に、このあと平左衛門が乗りだすことになるわけだが、人間の本質や対人関係の難しさは、現代となんら変わらないと言えよう。

村外に出る機会を持つ農民は多かった

## ㊁村人にとっての娯楽

つづいて、当時の村人にとって何が息抜きの対象となったのかという問題を見ることにしたい。いつの時代でも、人間はただ働くだけの存在ではなかった。かつて江戸期の農民は、自分の生まれ育った地域(村)に縛りつけられ、年貢を搾り取られるだけの哀れな存在だと見られたことがある。しかし、長年にわたる農村研究が明らかにしてきたのは、出稼ぎや奉公によって村外(城下町など)に出て行く農民が多かったという事実である。つまり、かなりの数の農民は、人生の一定期間、都市生活を味わった。また、四国遍路や各地の温泉場行きを願いでて、村外に出る農民の数もけっして少なくはなかった。

他方、農村にとどまった、あるいは都会から戻った農民たちも、厳しい農作業の中、時に娯楽にふれる機会を持った。もちろん、それは、いうまでもなく、現代の我々が享受しているような多方面かつ多種類におよぶ娯楽ではなかった。しかし、なんの楽しみもなく、ただ働いて死んで行くだけの生活を送っていたわけでなかったことは疑いない。

歌舞伎や角力を楽しむ

中村平左衛門の日記から判明するのは、歌舞伎をはじめとする芝居や能、あるいは操《あやつ》り（人形芝居）や浄瑠璃の興業に親しみ、相撲（当時の言葉では「角力」。以下これに統一する）や花火見物・曲馬《きょくば》（馬に乗ってする曲芸）・奇術（手品・物真似）を楽しむ人びとの姿である。また、当時は、仏寺で観音像や弁才天など秘仏の公開（開帳）がなされ、多くの参詣者を集めた。さらには、物見遊山を目的とした近距離の旅行もなされた。こうした中にあって、格別の位置を占めたのは、歌舞伎興業を筆頭とする芝居や演芸、それに角力興業であった。そして、平左衛門の日記中に、「家内中、奴婢《ぬひ》までも皆行く」（文久二年三月十九日条。第十巻）とあったように、見世物や芝居の興業には、女性奉公人なども時にかけつけた。

歌舞伎の演目として人気があったのは、「義経千本桜」「仮名手本忠臣蔵」「国姓爺」「妹背山」「傾城反魂香」「太平記」「女道成寺」「菅原伝授手習鑑」等であった。歌舞伎は、もともと庶民の娯楽で、なにも難しいものではなかった。そして、当時起こった事件や歴史上の出来事を題材にしたパロディであったため、庶民の関心を大いに惹いた。いわば、当時にあっては現代劇であったのである。また歌舞伎では、観客を驚かすような仕掛けがほどこされ、役者の着る華やかな衣装や彼らの演技・踊りが視覚的に民衆を楽しませた。

もっとも、いま挙げた歌舞伎は、江戸や上方のプロの役者によるもので、平左衛門の管轄下にあった地域では当然違った。村人によるアマチュア芝居が、祭礼などの際に盛んに挙行されたのである。なかでも、とくに人気があったのは、「義経千本桜」や「仮名手本忠臣蔵」等の歴史物であった。これは、自分たちが自ら演じることで、簡単に歴史上の有名人やお殿様・お姫様になれたからである。つまり普段は身につけることの出来ない華やかな衣装も、本番では着られた。さぞ村人にとっては楽しかったことだろう。そして、歌舞伎興業などで得られた利益は、「川筋普請費（＝川筋の整備のための費用や労賃にあてるためのもの）」、困窮した村財政建て直しの資金、寺の再建のための費用等にあてられた。

また、こうした芝居興業等に、まったく引けを取らない人気を集めたのが、角力（相撲）興業であった。興業は、これまた様々な口実（理由）の下、挙行された。その一つに「追善角力興業」がある。これは、死者の冥福を祈っておこなわれたものである。

また、諸々の病気を「退除」するためや牛馬の安全を願って、あるいは雨乞や日和乞祈祷の一環としてもおこなわれた。そして、雨乞祈願などをして、願いがかなったら、いわゆる「願解（願いが適ったことを感謝する）」の「奉納角力」がおこなわれた。

## 角力が人気のあった理由

では、なぜ、このように角力興業が人気があったのか。これは、ひとえに一瞬で勝負が決する面白さによったといえよう。また、角力には、力自慢の男たちが裸でぶつかり合い、しかも勝負がハッキリつくという格闘技としての魅力が大いにあった。勝負事は、何事によらず、当事者たちが真剣に取り組み、それが端から見ていて壮快かどうかで面白さが決まる。

さらに地域住民を熱狂させたのは、彼らの代表が選ばれたことである。すなわち、角力興業が決定すると、各手永から「角力取候者」が五人から十人ほど選ばれた。そして、彼らには「賄《まかな》い銀」や酒・飯・干魚・鯣等の手当てが支給され、世話人もついた。もちろん、各手永の代表ということは、手永内の村々から角力を取る者が選ばれたということである。つまり、村人にとっては、ごく身近な仲間や知り合いが角力を取ったのである。そのような彼らが、地域や自身の名誉を担って真剣勝負を繰りひろげたのだから、見ていて楽しくない筈はなかろう。

なお、余談になるが、角力を取った本人たちも、この時はすっかりプロ気分になったように思われる。このことは、彼らがいかにもそれらしい名前を付けて土俵にあがっていること一つとっても判る。たとえば、「雨乞六郡寄角力」が挙行された文久元年（一八六一）年七月、荒瀬川（合馬村の久左衛門）や駒嵐（大里村の亀吉）といった力士名を持つ農民が、手永を代表して男の闘いを展開している（『小森承之助日記』の七月六日条。第五巻）。

ところで、角力に関して、さらに付け加えると、小倉地域の住民だけでなく、当時の日本人は、ほぼ全員といえる程、角力を好んだと言ってよかろう。幕末期の中央政局に関する史料を眺めていると、つくづく角力が当時人気があったことを実感をもって知らされる。たとえば、島津久光が上洛中の日記の文久三年十一月十八日の条（『玉里』二）には、京都の薩摩藩邸で「角力見物」を催《もよお》したところ、当時在京していた松平慶永や伊達宗城（もと宇和島藩主）といった諸藩の有力者のみならず、中川宮や関白の二条斉敬らが、わざわざ来邸したとの記述がある。これは、島津久光が、「はからずも御光駕、至極の御満悦にて、……実に未曾有の大興に候事」と、大いに驚くほどの突発的な出来事であった。角力とは、朝廷内の最高権力者の心をそれほど引き付ける競技（スポーツ）だったのである。

角力好きの著名人

むろん、個人レベルでいえば、他にも角力好きの著名人の名前は幾らでも挙げられる。その最たる一人が西郷隆盛であった。彼は、大政奉還直前の、政治状況が極度に緊迫している中でも、大坂で角力を見物している。土佐藩の後藤象二郎が、自分が提案した、徳川慶喜に大政を奉還させる構想への国元指導者の同意を求めて郷里に戻り、山内容堂（豊信）らの承諾を得て、大坂に再び舞い戻った際、偶然、同地で角力見物後の西郷と会い、急遽話し合いの場を持ったというのは、幕末史では有名な話である。

西郷は、それほど角力が好きであった。事実、彼は、これ以前、二度にわたって流された南海の島々では、自身角力をとったと言われる。また他にも、角力好きの人物の名を挙げれば限りがない。板垣退助などは、自ら角力をとっただけでなく、死を目前にした大正八年（一九一九）七月十三日、側近を枕頭に呼び遺言を託したが、その中に「角力道、付太刀山の件」が含まれていたほどであった（真辺将之「老年期の板垣退助と大隈重信」）。

話を元に戻す。かように、中村平左衛門管轄下の村々では角力興業がさかんにおこなわれた。そして、時にプロの「関取り」も来て、河原での興行で、「ことの外、入り多き」という状況を呈することもあった。たとえば、天保五年（一八三四）の四月初旬には、「日本関取り」の「稲妻雷五郎と申す者」がやって来る。そして、この関取りは、「腰に注連《しめなわ》を張り、刀を持たせ、一人にて切り踏み」をしたらしい（四月八日条。第六巻）。私には、これが本人かどうか（さらに書けば、こういう関取がいたのかどうかも含めて）の見きわめがつかないが、現代の我々が眼にするような所作を、この人物がしたことは明らかである。

人気のあった子供角力

それはさておき、角力に付き物だったのが喧嘩であった。角力を見物すると、とかくエキサイト（興奮）しがちになり、そのため時に奉行所から喧嘩を慎むようにとの御触書すら出ることがあった（文政五年八月三日条。第二巻）。そうしたこともあってか、十五歳以下の子供によっておこなわれる「子供（若者）角力」が代行されることもあった。もっとも、「子供角力」でも大人と同様に（もしくは、それ以上に）真剣な闘いが展開されたから、これも見ていて、さぞ面白かったに違いない。だから、地域の住民にとって、「子供角力」は非常に人気があり、よく開催された。

盆踊・俄

芝居興業や角力興業以外で、人びとに愛されたものとしては、他に盆踊や俄《にわか》などが挙げられる。俄とは、「にわか狂言」のことで、座興のためにおこなう茶番狂言であった。これは、三味線も使用された真に賑やかなもので、浮かれ歩く民衆も多く出たという。また、小倉の地では、祇園会《ぎおんえ》での仕組踊や練り物・山車《だし》などが、その細工や衣装の奇抜さで人びとを驚かせ楽しませた。あるいは、雨乞のために、しばしば挙行された神楽《かぐら》（「岩戸神楽」など）も、その踊りの激しさで、やはり人びとを楽しませ、気分転換の場となった。

見世物興業・曲馬

しかし、こうした庶民のささやかな楽しみも、藩財政が極度に悪化する中、次第に目にみえて規制の対象となってくる。芝居興業や見世物興業が盛んにおこなわれたのは、文化年間頃までだったらしく、文化十一年（一八一四）の四月に清水（＝地名）でおこなわれた見世物興業では、歌舞伎の他に弁財天の開帳などもあって、「凡二千四、五百人程」の見物人で賑わったという（文化十一年四月二十七日条。第一巻）。

また、時に下関あたりから曲馬団や子供芝居を招いたり（文化十一年六月六日条〔第一巻〕。文政二年三月十七日条〔第二巻〕）、上方の役者を呼ぶこともあった（文化十四年七月二十九日条。第二巻）。曲馬は民衆に大変人気があったらしく、平左衛門も、文化十一年の日記の六月七日と八日の条（第一巻）に、それぞれ「曲馬あい始め候、見物人よほど集る」「曲馬あい始め候処、言語同断の見物人、誠に珍しき事にて候」と付すほどであった。いつの時代も、こうした曲芸は大衆の心をつかむものだと改めて思わされる。

## 庶民の娯楽への規制

ところが、文政年間も末ぐらいになると様相が大いに変わってくる。これには、文政八年（一八二八）八月の大風によって甚大な被害をうけた鶴ケ岡八幡宮の造営を小倉藩が幕府から命じられたことが大いに係わった。すなわち、小倉藩は、この時、数万両を提供せざるをえなくなり、これが長年におよぶ財政危機にいっそう拍車をかけることになった。そして、この結果が、藩士に対する知行切米の削減と、領民への倹約令の通達となった。

倹約策の実施は、中村平左衛門や彼の管轄下にあった地域住民の生活にただちに影響をおよぼした。まず平左衛門にとっては、文政十二年（一八二九）の正月に、年始の挨拶《あいさつ》に登城した際、それまで出されていた「お節」料理が供されないという形となって現われた。また地域住民にとっては、娯楽の制限となった。たとえば、文政十三年（一八三〇）の六月二日におこなわれた祇園会では、倹約がとかく叫ばれたため、「仕組み踊りも、いっさい木綿衣装、髪のかつら等もあい用い申さず、……毎よりは、よほど質素」なものとなる（第四巻）。これは、六年前の文政七年（一八二四）の六月四日におこなわれた祇園会が、「仕組み踊り・練り物、その外いっさい、ことの外、念を入れ候事にて誠に目を驚し候。去年よりも、またまた見事なる次第也」と評された（第三巻）のと比べると、あまりの変わりようであった。

#### 盆踊りや俄の制禁

ついで、文政十二年の七月には、民衆にとって楽しみの一つであった盆踊り禁止の触が出され（七月五日条。第四巻）、翌年の七月にも盆踊りや俄などを制禁とする触れが出されるに至る（七月十一日条。同前）。さらに、この翌年にあたる天保二年（一八三一）二月段階になると、仏事は無酒でおこない、祝儀もごく手軽るにするようにといった通達が庄屋に対して出される（二月十八日条。第五巻）。そして、この方針は、嘉永期に入っても継続された。

#### 角力の制限

また、これに合わせる形で、民衆に大変人気のあった角力も、雨乞祈祷などを目的とするもの以外は制限され出す。たとえば、嘉永七年（一八五四）には、下曽根大池社祭での万歳や角力が禁止となる（三月七日と二十五日条。第八巻）。こうしたことを受けて、角力はかつてほどおこなわれなくなる。財政危機の深刻化と対外危機の発生は、民衆の楽しみを奪うことになったのである。

### 「異変」を逆に招く

この点に関連して興味深いのは、藩による締め付けが非常に厳しくなった文政十三年に、喧嘩や殺傷事件が多発し、入牢する者がそれにともなって増えたことである。このことに、いち早く気づいたのは、他ならぬ平左衛門であった。彼は、日記に次のように書いた（文政十三年十二月晦日条。第四巻）。

今年は手永内にも、だんだん異変の義多く、第一（中曽根村で喧嘩による殺人事件が四月に発生した）……。その外、御郡中にも、だんだん異変多くこれ有り候、第一（以下、殺人事件や暴力事件のことが具体的に書かれているが省略する）。

むろん、こうした事件の発生は、藩の締め付けのみによったとは思われない。だが、民衆の楽しみを、ことごとく奪うような藩のやり方が、地域住民の不満をつのらせ、平左衛門が記す所の「異変」をことさら招いたことは否定しえないであろう。現に、このあとも「異変」の発生は絶えず、天保五年（一八三四）の十二月晦日に記された「別段の記」（第六巻）では、冒頭部分に「今年手永内異変数々」と記されるまでに至る。そして、その具体的な内実として、拷問死の発生や不作、庄屋や若い女性の自殺、村方騒動などが列挙された。ついで、丁度、この年が「厄歳」にあたった平左衛門の次の言葉で一年が締め括られた。「当年小子四十二歳にあい成り、厄落としとあきらめ候事」。

**温泉行・寺社への参詣**

地域住民全体に係わる芝居興業や角力興業等の話は、これ位にして、次に個人レベルで愉しまれたものに目を転じると、温泉場行きや神社仏閣への参詣も重要な娯楽であったと見なせる。小倉領内に住む地域住民にとって人気のあった入湯先は、別府温泉や川棚温泉であった。また参詣先は、当然、松尾社・祇園社・宗像社・到津八幡宮・常徳寺といった地元の神社・仏閣が中心となったが、少し足を延ばせば参詣が可能となる場所も人気があった。太宰府天満宮や箱崎宮、それに宇佐神宮などがそれに該当した。いずれにせよ、人びとは、こうした形で、多くはなかったものの、娯楽の時間を持ったのである。

**藩財政が極度に行き詰まる**

なお、民衆の神社仏閣への参詣や温泉場行きに関連するので取り上げるが、嘉永年間に入ると、藩の財政が本当に行き詰ったとの印象が強く残る記述が、平左衛門日記にある。それは、嘉永五年（一八五二）二月十九日の条（第八巻）に見られる。

平左衛門によると、この日、仲間から、手紙でもって、藩命で郡中に住む者の太宰府天満宮への参詣（この年には、同宮の「九百五十年祭」がおこなわれていた）を禁止すること、ならびに嬉野《うれしの》温泉への入湯を禁止することを知らされた平左衛門は、次のように批判的な文辞を記した。「この御趣意、なにぶんの義哉、はなはだ如何の事と存ぜられ候事」。

平左衛門は、既述したように、めったに藩を批判することのない「体制べったり」の大庄屋であったが、こうした彼ですら、このような批判を記さざるをえなくなったのである。それほど小倉藩の財務状況は危機的状況におちいったと見なせる。

## ㊂村人と老病死

低い平均寿命

つづいて、明るいだけではない話に移る。江戸期の社会においても、老病死は深刻な問題であった。そして、この点に関して、しばしば強調されることの一つに、平均寿命の低さがある。確かに、第Ⅰ部でふれたように、世界的に見て最も長寿を誇る国となった現代の日本人からすれば、江戸期の社会は恐ろしいほど平均寿命が低かった。しかし、これは、当時の日本人が押し並べて短命であったと言うことではない。既にふれたように乳幼児期あるいは小児期の死亡率が著しく高かったために、こういう結果となったのである。

換言すれば、乳幼児期や小児期に死を免れれば、それなりの年齢まで生きられた日本人は多かったということである。すなわち、六十歳はおろか、七十・八十・九十歳と齢《よわい》を重ね、百歳に達する人物も稀にはいた。このことは、江戸期の各種の人口統

長寿者がそれなりの数輩出した理由

計が、我々に教えるところである。現に、平左衛門日記の文政二年（一八一九）五月六日の条（第二巻）には、前年に数えの百三歳で死去した女性のいたことが記されている。同じく文政十年（一八二七）に、百五歳で亡くなった男性に関する記述がある（第一巻）。

長寿者がそれなりの数輩出した理由は、言うまでもなく、江戸期の社会が豊かになったことによる。また、江戸後期には、医者（郡内に居住する医者）が村々に住みつくことが多くなった。そして彼らは、しばしば会合を開き、互いの情報を交換し合う間柄となる。そして、この会合の席では、時に地域リーダーに対して、医学的知識や病気への対処の仕方が伝授された。たとえば嘉永五年（一八五二）の八月二十一日に開催された郡屋における医師会合の席では、平左衛門らに対し、『素問温疫《りんえき》論』の講釈が一通りなされ、傷寒についても少し説明がおこなわれた。

『素問』とは中国最古の医書といわれるもので、病気の原因や病気にいたる過程に関する基礎的な理論を記したものであった。また傷寒とは、寒気にふれて頭痛・発熱・悪寒などの症状が出たことを指した。したがって、いずれも、四季おりおりに、ごく普通に世間で見られた病気に対応する治療法や心の持ち方（精神のあり方）を説くものであったといえる。そして、『傷寒論弁正』『傷寒論集義』などの医書（『傷寒論』とは、漢代の張仲景が作成したとされる漢方の基本典籍で、わが国では江戸中期以降、聖典視された。そのため、医師によって『傷寒論』に関連する書物が多く出版された。〔『病家須知』研究篇〕）を郡方で購入し、郡医や大庄屋中の希望者にそれが貸与された（第八巻）。

こうした形で、郡医の勉学を行政が手助けし、かつ最新の医学知識が医師会合の席で時に講義というかたちで地域リーダーに伝えられた。なんのことはない。医師を招いて特定疾患に関する講習や質問の受けつけが、いま各地でおこなわれているが、それに近いことが、すでになされていたのである（ただし、対象が上層農民に限られていた点が現代とは違った）。そして、ここで注目しておく必要があるのは、こうした地域社会のあり方が、住民の健康保持、ひいては高齢者の続出につながった可能性があるということである。

## 清潔な社会

また、江戸期は清潔な社会であった。蒸し暑い夏場にあっては、人びとは風呂に入らないまでも、さかんに行水をした。ただ唯一といってよい難点は、下水道が整備されていなかった当時、寄生虫に取り付かれることが多かったことである。厠《かわや》（便所）にためこまれた排泄物（人糞）は、農作物を生育させる有効な肥料として活用されたが、反面、人体にも寄生虫を植えつけることになった。

しかし、それ以上に、清潔好きの国民性は、時に風邪が大流行するようなことはあっても、十四世紀のヨーロッパに蔓延《まんえん》した黒死病（ペスト）のような、人口を半減させかねない流行病の発生を押しとどめた。いうまでもなく、ペストの大流行は不潔な生活環境に起因していた。また、江戸期の日本人の多くは、普段から養生に努めていた。つまり、無理をせず、食事にもそれなりに気をつかい、長寿を目指した。こうしたことも、高齢者の輩出につながったことは間違いない。

疫病の流行による人口減

ところで、流行病に話がおよんだので、以下、江戸期の人びとを苦しめた流行病（ウィルスや細菌によって発症した）についても、ごく簡単に説明しておきたい。平左衛門（や小森承之助）の日記を見ると、当時から「流行病」という表現はなされていたようである（安政三年八月十五日条〈第九巻〉）。安政五年八月二十一日条〈第十巻〉）。もっとも、より多く使用されたのは、「疫病」「痢病」の流行という表現であった。そして、現に、流行病によって、多くの人命が失われることもあった。たとえば、日記の文政五年（一八二二）五月一日の条〈第三巻〉には、「四・五年以前、郡中一統、痢疾人いに流行、人多く損じ候由」とある。そして文化十三年（一八一六）と比べて、郡中で一〇五〇人ほど人口が減った旨が記されている。これによると、文化年間の末に発生した流行病によって、千名を越す人びとの生命が奪われたことが考えられる。

そして、こうしたことに加えて、幕末期に入るとコレラの流行によって、より夥《おびただ》しい数の人命が損なわれた。そして、コレラに対しては、「変病」や「異病」といった表現がなされた。ともに、いままではなかった（見られなかった）新しいタイプの病気（すなわち外国から入ってきた病気）であるとの、民衆の思い（認識）が窺われる言葉である。

## 麻疹

江戸期に限らず、古代から多くの日本人を苦しめ、その中の少なからざる人びとを死に誘《いざな》った流行病の代表的なものとしては、麻疹《はしか》と痘瘡（天然痘）が挙げられる。前者は五～六歳までの幼児期にかかることの多い麻疹ウィルスによって起こる急性感染病で、これが乳幼児の死亡率を高め、ひいては日本人の平均寿命を引き下げる要因となった。

もっとも、感染力はきわめて強いものの、幼児期に一度罹患すれば、ほとんど生涯免疫を得た。中村平左衛門や小森承之助の日記によれば、小倉藩領内で麻疹が大流行したのは、二六年ぶりの大流行といわれた文久二年（一八六二）の五月・六月頃のことであった。この時は、平左衛門の日記に次のように書かれたように、深刻な被害をもたらした。「劇症多く、死亡人、夥しき事也。このたびの流行、古今未曾有の事也」（十二月晦日「別段の記」。第十巻）。麻疹は江戸時代を通じて一四回流行したことが確認されているが、この文久二年時に全国的に大勢の犠牲者が出たのは、幼児期に流行を経験しなかった大人が多かったためであった（鈴木則子『江戸の流行り病』）。

## 痘瘡の大流行

後者（痘瘡）もやはり伝染病であるが、これは孝明天皇の項でも触れたように、大人にも致命的なダメージを与える、より恐ろしい病気であった。また、俗に、江戸時代を通して、「疱（痘）瘡は器量（見目）定め、麻疹は命定め」と諺にいわれたように、醜い痘痕《あばた》（痘瘡は治癒したあと、皮膚にぶつぶつと小さなくぼみが残った）を副産物としてもたらした。したがって、たとえ生命が助かっても、器量が重視された女性の場合には時に深刻な影響もおよぼした。たとえば、その一例として、慶喜が一橋家にいたときに、婚約者に選ばれた一条家の照姫のケースが挙げられる。彼女は、その後痘瘡にかかったため、この件は破談となった。そして、急遽身替りに立てられたのが慶喜の正妻となる美賀子であった（『徳川慶喜残照』）。

そうしたことはともかく、平左衛門がリーダーとして生きた地域でも、むろん痘瘡は流行した。とくに弘化三年（一八四六）夏以来、翌年春にかけて大流行し、老人や子供らに多数の死者が出たことが彼の日記に書かれている（十二月。第一巻）。そして、こうした流行のたびに、疫病退除の祈祷が神社で執りおこなわれた。さらに、痘瘡にはお茶や牛蒡《ごぼう》が良いとされた。ともに解毒作用があると見られたからである。『病家須知』巻之二には、次のように牛蒡の効用が記されている「ごぼうには、よくできものの膿《うみ》を熟させ、毒を追い出して、尿の出をよくするはたらきがある。痘瘡の子どもによく煮て食べさせるとよい」。

## 種痘の実施

さらに、痘瘡との関係で取り上げねばならないのは種痘の実施である。小倉藩は、この方面では、かなり先駆的な藩であった。中村平左衛門や小森承之助の日記から判明する限りでは、彼らが管轄した村々では、嘉永七年（一八五四）の六月段階から種痘が始まったようである（第八巻）。すなわち、六月十二日より少し前に、種痘を実施する医師に吉雄蔵六なる人物が任命され、種痘の実施方法を彼が伝授するため医師四名が集められることになった（六月十二日条。第八巻）。そして、以後、種痘は庄屋と医師の協力のもと熱心に地域住民に施され、安政二年（一八五五）の時点で、久保・黒田・延永・新津の四手永で合わせて男女二五〇二人に達したという（六月一日条。第九巻）。

ところで、種痘実施の責任者に任命された吉雄蔵六に対して、平左衛門の日記では「牛痘種法御医師」とある（六月十二日条）。が、私には、同藩で実施された種痘法が牛痘種痘法であったとは思えない。というのは、六月二十日、「種痘の種子」を取りに下曽根村の者二人と中曽根村の者一人が津田村にやってきているからである（第八巻）。そして、同様の行為は、この後も続いた。これは、いうまでもなく人痘種痘法である。すなわち、痘瘡を病む人の膿か、もしくはかさぶたを取って、それをまだ痘瘡にかかっていない子供の肌につけて、早く痘瘡にかからせる方法である。さらに加筆すると、平左衛門自身、種痘の効用を信じて疑わなかったことは間違いない。孫三人に積極的に受けさせているからである。なかでも、唯一の男の孫であった虎之助に対しては三度も施させている。

これは、ひょっとすると、彼が一度ではなく、二度・三度と種痘した方がより効果的だということを知っていたためかもしれない。維新後に成立した京都府などでは、明治七年（一八七四）四月、「種痘規則」がつくられ、種痘に関する心得が管内に達せられたが、その中に「再三種痘の事たる、御管内未曾有の新説」とあった。つまり、二度・三度と種痘を試みることは、明治期に入って、ようやく「新説」として、その効果が認められたぐらいであった（高久嶺之介「明治前期の村と衛生・病気」）。したがって、もし、こうしたことを事前に平左衛門が知っていたとしたら、彼はかなり医学の知識に通じていたといえよう。

「虎狼痢」の流行

つづいて、新しい伝染病の登場となったコレラについても若干ふれておこう。これは、俗に「コロリ」といわれたように、非常な短時日の間に人を死に追いやる流行病であった。平左衛門の日記に、この病気のことが初めて登場するのは、文政五年（一八二二）のことである。すなわち、以下のように記された。「八月中頃より十月頃に至りて、諸方ころりと申す病流行、この病を煩い候者は十に七・八は死す。はなはだ急遽なる症にて、……重きは半日、軽きは四・五日煩悩するものあり」（十二月晦日条。第三巻）。

そして、再度この病気のことが記されるのは、かなりの年時が経過した安政五年（一八五八）八月十七日の条（第十巻）においてであった。「先日以来、下の関あたり、コロリと言う病流行、この間よりは小倉海辺にも流行、……この症は、いたって急症にて、発病より、その夜または翌日にかけ、あい果て候由、……長崎辺は別して烈しき候趣。下の関も夥しく死亡いたし候よし也」。ついで、この病気が平左衛門管轄下近くの村々に押し寄せてくるのは、翌安政六年（一八五九）七月段階のことであった。すなわち、「世上コレラと申す急症の病流行……この病、この節は小倉内・近在等も、殊の外、死亡多く候趣也。病名虎狼痢と書くよし也」と記されるに至る（七月二十六日条。第十巻）。

### コレラへの対処法

なお、「虎狼痢」という当て字は、当時の人びとの恐怖感をよく表現していると思う。まさに、獰猛な虎や狼が、か弱い羊などの家畜を襲うイメージと重なったのであろう。それはおき、このあと、平左衛門管轄下の村々でもコレラは猛威をふるうことになるが、ここで興味深いのは、その対処法であった。もちろん、コレラへの基本的な対処法も、他の疫病と同じく神仏への退除祈祷であったが、ことコレラに関しては、これ以外のものも総動員しての対応となった。すなわち、平左衛門管轄下の村々では、獅《し》子祓《しばらい》（獅子頭をかぶっておこなう舞によって悪魔をはらう）はおろか、神楽や俄をも動員して賑《にぎ》々しく「陽気」に退除を図る、大がかりなものとなった（安政六年八月十日条。第十巻）。そして、場合によっては、次のような対処法も採られた。コレラが大流行しだした安政五年八月の時点で、コレラから身を守る「まじない」として、白米一合と小豆一合をそれぞれ煮て粥にし、それを残らず家内中で食したという（ただし、他家の人間が食しても「功験」はないとされた）。また、「用心薬」（予防薬）としては、「麦芽八分、唐霍香四分、唐木香四分、丁子三粒」を煎じつめて服用したという（前掲安政五年八月十七日条）。さらに、コレラを追い払うために、悪魔を払う火祭りであった「トンド焚方」（どんど）なども挙行された（『小森承之助日記』の安政六年八月八日条。第一巻）。

さらに、これは、小倉藩領内でのことではないが、薩摩藩士の海江田信義が目撃した所によると、安政五年、コレラが大流行した時の東海道筋住民の対処の仕方は、次のようなものであったという。その一は、まず念仏の力を借りるというものであった。つまり、これは、今でもよく念仏講で見られる光景であるが、「男女雑集して、巨連の念珠を廻繰し、喧囂《けんごう》（＝口やかましく騒ぐこと）声を放ち、もって病魔を防ぐ」というやり方が仏寺等で講じられた。また、少々面白いのは、「砲声を発して」病魔を攘《はら》おうとする者がいたことである。これは、おそらく花火の類いでもってコレラの猛威から身を守ろうとした試みであったと思われる（『維新前後　実歴史伝』巻之二）。

追いつめられた人々

いずれも、具体的な効験があるとは到底思えないものだが、当時の人びとが、コレラの流行によって、いかに追いつめられたかが具体的に想像できる話ではある。事実、平左衛門は追いつめられた。彼は、万延元年（一八六〇）に入ると、配下の庄屋に対し、コレラ退除のため、出雲大社に祈祷を依頼することを提案したのである。もっとも、それは、平左衛門自身が、「（村々に対して、強引に）けっして勧めは致さず、信心の心に任かせ候ようにと、せいぜい申し聞かせ候事」と日記中に書いたように、強制的なものではなかった（正月十一日条。第十巻）。しかし、この提案が通って、六手永から祈祷料（御初穂と正金）が出雲大社に献上されることになる（正月十三日条。二月十一日条。第十巻）。幕末期に多くの日本人が攘夷の考えに取りつかれたのも、こうした災厄の到来が西洋人の渡来と重ね合わされた結果であったことを思えば、真に無理はなかったと言えよう。

中風

さて、流行病のことは、これ位にして、次に、民衆が悩まされた、その他の病気や死の迎え方についても紹介することにしたい。平左衛門日記には、数は多くないものの、具体的な病名が幾つか記されている。その中で、風邪や皮癬（疥癬虫の寄生によって生ずる伝染性皮膚病）の類いを除いて、比較的多く出てくるのが中風である。これは、「半身しびれ、舌の廻りも悪しく、中風の模様にて」（天保十五年四月二十一日条。第七巻）と、その症状が表わされているように、半身がしびれ、舌の廻りが悪くなる病気であった。その他では、病名自体はでてこないものの、症状からみて明らかに脳卒中だと思われる人物も登場する。

具体的な病名は記さず

そして、これが一番大事な点だが、平左衛門の膨大な日記全体を通して、亡くなった時点での関係者の年齢は記されるものの、具体的な病名（死因）はほとんど出てこない。病名が出てくるのは、自分自身や親族・あるいは同僚であった人物等ごく少数の場合に限られる。たとえば、安政五年五月十四日に、本家当主（平助）の末娘が十歳で亡くなった時がそうであった。この娘は、平左衛門によれば、「これまでは、いたって健《けなげ》にて、生立、容儀もよろしく、色白」で「才気」もあり、しかも「いたって温和にて、言い分の無き小児」であったが、「咽喉の腐る症」「乳蛾と申す病症」で急死したという（第十巻）。すなわち、こうした際にしか病名（死因）は記されることはなかった。あとは、たんに、「病気」「不快」「煩《わずらい》」とだけ記され、亡くなった場合は「病死」と表現された。具体例を一つだけ挙げると、文化十四年（一八一七）二月二十四日の条（第二巻）には、ある人物が亡くなったことに触れたあと、「ひさびさ病気の所、養生あいかなわず、今日死去」とある。これが、ごく普通の書き方であった。

病名を知る必要がなかった

このことは何を意味するか。当時の人びとにとって、亡くなった時点の年齢は重要であった（これは、むろん、長寿であったか否かということへの関心があったからだ）ものの、具体的な病名を知りうるチャンスが少なかった（もしくはなかった）だけでなく、知る必要もなかったということである。大事なのは、その人物が亡くなったという事実であった。現代の我々は、ともすれば病名を必要以上に知りたがる傾向がある。だが、本当に重要なことは、自分や社会にとって大事な人物を喪ったことを哀（悲）しみ悼むことにあるのではなかろうか。

自殺・心中・狂気

それはさておき、現代社会に比べればはるかに少数だが、自殺をする者や、あるいは精神を病む（当時は「狂気」者とか「狂気」同様といわれた）人間はいた。私が、平左衛門の日記を読み解く中で、ざっと感じたのは、自殺者は男性の方が多いということである。しかし、女性（人妻）の中にも、いたって数は少ないものの、「長病にて気向け不揃いの処」、つまり長い間の闘病生活で気分が塞ぎがちとなり、その結果、首をつった人物もいる（天保十年四月七日条。第七巻）。そうした中で、いささか切ないのは、嫁にゆき、子供二人（男女各一人）をもうけたあと離縁となった女性が関係した事件であった。

### 離縁された女性に関わる事件

これは、そもそもは、子供がいまだ幼少の時に離縁を申し渡された女性が「まもなく狂気いたし、朝暮子供両人を慕い」、元婚家などに「くるい（＝狂い）廻り」、その後「子供を取り返しくれ候よう」に村役人に訴え出たりしたことに騒動の発端があったらしい。ついで、天保二年（一八三二）の六月頃に、女性の弟が、姉の元旦那に出会った際、撲《なぐ》ったことで一気に表面化した事件であった（天保二年八月二十日条。第五巻）。そして、本事件に関しては、平左衛門や庄屋らがその後おこなった聞き取り調査から、次のような諸事実が判明した。それを箇条書きにすると、おおよそ左のとおりであった。

① 女性の弟が暴力を振るったのは、元旦那が、「狂人の姉を毎々打擲いたし候間、その仕返しと申し張」ったこと。むろん、本当の所は確かめようがないが、事件の背

後にドメスティック・バイオレンスがあった可能性はある。

② 離縁となった際、娘を母方が引き取ることで合意がいったん成立していたこと。

この二つの事実（？）が、平左衛門らの取り調べによって判明したが、その後、女性の母親（当時七一九歳であった）や弟らをも交え、深夜にまでおよんだ話し合いでも決着をつけられず、平左衛門が乗りだして、ようやく一件落着となる。

その経緯を記すと、こうなる。まず平左衛門らの説得によって、娘（当時、二十二歳となっていた）が、来年正月から女性の弟宅に行き、母の看護に当たることになる。ところが、平左衛門らが娘の「心底」を尋ねた所、彼女は、「泣くなく」、幼少時から父親の「男手にて育てられ」、ようやく父親の手助けが出来るようになっていた矢先、「母親の方ばかりに参り候はば」、さぞ父も「不自由」するだろうと心配だと言上したらしい。

娘が心配した理由の一つは、彼女が農作業における労働力として期待されていたことにもよった。すなわち、家族労働で営む小農経営にあっては、娘の労働力を欠いては一家の生活が成り立たないという厳しい現実があったのである。そこで、平左衛門らから、妥協案（表向きは命令）が出される。それが「夏・秋・格別（農作業が）せわしき時分、または洗濯（物）等」がたまった際は、父親宅に「手伝い」に帰れという提案であった。そして、息子（当時、十七歳であった）も、おりにふれ母を見舞うことで、元旦那と女性の弟の間で手打ちがなされる。

もらい泣きした平左衛門

なお、この日の娘の発言と態度は、よほど印象深かったのであろう。平左衛門は、この日の日記に、次のように書いた。「娘……義は、生質実体の者にて、これまで狂婦（＝母）への仕方、なおまた今日の落涙いたし申し出で候趣、誠にその模様、実情あい顕れ、はなはだ感心、落涙とどめかね候次第也」。平左衛門も、思わず、もらい泣きしたのである。いささかしつこいが、さらに書き足すと、この手打ちの場では、平左衛門から昼飯と夕飯および酒一升と肴（一、二種）がふるまわれた。大庄屋や庄屋は、時に自らの役料か、もしくは自費でもって、こうした厄介な仲裁役を勤めねばならなかったのである。

江戸期の人びとの優しさ

また、これは、ここで取り上げるのが相応《ふさわ》しいかどうか判らないが、江戸期の人びとの優しさを、ふと感じる記述が平左衛門の日記にはある。その一は、牛馬（とくに農耕牛）の骨に関わる問題においてである。周知の事実かどうかは知らないが、死んだ牛馬の骨は、江戸期にあっては貴重な肥料として取り引きされた。いうまでもなく、痩せ衰えた大地の生産力を回復する肥料としてであった。そして、小倉藩では、嘉永期に入るか入らないかの頃、骨まで売りさばく話が持ち上がったらしい。おそらく、厳しい財政難がその背景にあったのだろう。しかし、この時は、「元来農業に遣わし（＝使用している）牛を、骨まで売り立て候義、あまり不便（＝不憫《ふびん》）の事故、（せめて）骨だけは」埋葬して弔うようにとの方針が決定され、以後、しばらくは、この措置が継続されたという。

もっとも、この措置は諸々の事情で必ずしも守られなかった（すなわち、掘り出して牛骨を売り払う者も出た）ようである。こうしたことを受けて、平左衛門らは、嘉永五年（一八五二）閏二月十九日の時点で、「元来、骨を売り立て候義、不本意」だとして、先年の藩命の遵守を藩に申し出ることになる（第八巻）。このような所に、実利一辺倒の現代人とは異なる、江戸期の人びとの姿（心根）が垣間見られると言ってよかろう。

その二は、天保七年（一八三六）の七月十一日の条（第六巻）に記載されている話である。それは、この年（天保七年）の春に心中を試みた男女にまつわる話であった。どういう背景があったのかは一切判らないが、この時、どうやら「女は即死」したもののの、「男は生（き）残」ったらしい。ついで、この後、「女の親」から生命のつながった男を養子にしたいとの願いが出される。「娘の代（わり）と存じ、養子に致し、（娘の）供養追善をも致」したいというのが理由であった。もっとも平左衛門の日記を見る限り、この後、藩サイドからはなんら指示がなされなかったようであるが、心に残るエピソードではある。

## ㊃老人・難渋者（生活困窮者）対策

七十歳以上の老人が大事にされる

最後に、高齢者が多くなった社会において老人がどのように地域住民や藩から処遇されたか、老人を少なからざる数ふくむ生活困窮者が、やはりどのように処遇されたのか、といった問題を取り上げることにしたい。先述したように、江戸時代も後期を迎える頃になると、六十歳代の者はざらに存在するようになる。したがって、高齢者として本当に大事にされだすのは七十歳以上になってからだと思われる。小倉藩の場合も、調査対象となったのは七十歳以上の老人であり、ついで藩から祝いとして鏡餅を贈られたのは、やはり七十歳以上の老人に限られた（天保五年六月十七日条。第六巻他）。

ところで、小倉藩にとどまらず、全国の諸藩および幕府が、高齢者を大事にしたのは、いうまでもなく、現代の我々の社会とは違って、長寿者の数そのものが少なかったことによった。つまり、人数が少ない分、大事に出来たということである。しかし、理由はそれだけではなかった。諸藩や幕府は高齢者を大事にする姿勢を示すことで、安寧秩序を保ち政治的な安定を図ろうとしたのである。すなわち、民衆に老人を敬い、父母に孝をつくすという敬老精神を喚起することで、穏やかな社会を実現し、そのことで社会秩序を維持しようとしたと言える。それに第一、長寿者が数多く存在するということは、自分たちの統治がうまくいっていることのなによりの証明でもあった。そうしたこともあって、高齢者が大事にされたのである。

老人に関する調査報告

なお、天保十五年（一八四四）の八月に、天保六年（一八三五）に鏡餅を給与された老人のその後の調査結果の報告が藩に対してなされた（八月二十九日条。第七巻）。これによると、天保六年に鏡餅を給与された二五〇人中四四人が九年後も生存している（内訳は、男一八人、女二六人。最高齢は九十五歳の女性、次いで九十歳の男性。その他は七十九歳から八十九歳の間の男女）。こうした結果からも明らかなように、当時にあっては、七十歳からあと、生き残れるのは相当難しかったようである。数え年七十歳の者を古稀（古来から稀れだ）と称したのは、やはり実態に即していたのである。したがって、それだからこそ、七十歳の時点で祝福がなされたといえる。

長寿者との繋がりを有りがたがる風潮

それはともかく、高齢者は概して大事に扱われたようである。たとえば、嘉永五年（一八五二）十月時点で、孫が「出奔」したため、娘の嫁ぎ先で世話になっていた八十九歳の女性に対しては、手永から「扶持」が支給されることになった（一月七日条。第八巻）。また高齢者は、長寿を保った者として敬われた。なかでも米寿の者（数えの八十八歳）や「極老の身」とされた九十歳以上の老人に対しては、とくに敬意が払われ、そうした老人となんらかのつながりを持つことが望まれ有りがたがられたようである。これは、長寿が幸運に恵まれた結果と受けとめられ、長寿者のそうした運にあやかろうと願ったためかと思われる。

たとえば、このことは、天保四年（一八三三）三月に、九十歳になる老女が付札に「寿九十歳」と書いて手織木綿一反を「若殿様」に献上した際、平左衛門が、その木綿の切れ端をもらって、「有り難き事也」と、日記に綴ったことでも判る（三月十六日条。第五巻）。また、ほぼ同時期、「歳八十」の「老婆」からも同様の献上がなされたが、この時も、献上された木綿の残り物が平左衛門らに配布された（四月一日条。同前）。同じく、この頃、九十一歳の老人（男性）が病死するが、これに対し、平左衛門が「寿九十一歳也」と、わざわざ記していることから判断すると（天保五年正月四日条。第一巻）、この年齢での死去で、ようやく天寿を全うしたと受けとめられたのかもしれない。

さらに、いま一つ付け加えると、平左衛門管轄下の農村に、万延元年時点で百歳になる人物がいた。そして、この人物から「百歳賀扇」が贈られてくると、平左衛門らは、仲間の大庄屋らとともに祝金や肴酒代を贈呈した（三月二十二日条。第十巻）。ここにも、長寿者を尊重すると同時に、彼らとの繋がりを有りがたがる風潮が見てとれよう。

もっとも、ここで、この点に関連するエピソードを書き足すと、藩主サイドも領民に対して気をつかっている。たとえば『小森承之助日記』の元治元年（一八六四）八月十七日の条（第四巻）には、呼野清吉なる人物の祖母であった、なつという女性（当年九十三歳）が、「殿様え手織木綿」を「献上」したところ、「殿様御平生の御召にあい成」ったとの記事が見られる。ここからは、藩主自身が日常の着物に献上物をつけ加えることで、長寿をかなえた女性の好運にあやかろうとしたことが判明する。とともに、こうした行為にでることで、藩主みずからが敬老の精神を模範として領民に示そうとした意図も見え隠れする。

### 難渋者の処遇

つづいて、難渋者（生活困窮者）の処遇に関する問題に移る。一般民衆の生活レベルが向上したとはいえ、江戸後期にあっても生活困窮者はそれなりの数いた。これは、むろん不作の年に一気に増加した。その他、当時の言葉で、「鰥寡《かんか》孤独《こどく》」者といわれた人びとの中に生活困窮者が多かった。鰥寡孤独とは、男やもめ、後家、みなしご、ひとり者を指した。要するに、寄るべない（身を寄せる所のない）人びとのことである。

そして、こうした人びとの中には、「借財」が嵩《かさ》み、そのうえ年貢も納められなくなって「出奔」する「極難」者も出てくる（文政七年十月二十二日条。第三巻）。当然、事態を放置し続ければ、農村運営にも支障がおよぶことになった。そこで、なんらかの対応が求められた。その結果、こうした人たちをふくむ生活困窮者に対して、藩および地域リーダーは、米・麦などの食糧や施金《ほどこしきん》（金銭）を供与することになる。もちろん、これは小倉藩に限ったことではなく、江戸幕府や全国諸藩でも同じことがなされた。すなわち、幕府や諸藩では、養老米や養老金という名目で米穀や金銭が臨時に下賜された。そして、むろん、これは領民に対して自分たちが立派な為政者であることを示すパフォーマンスに他ならなかった。

ところで、小倉藩が支給した米穀（心付米・貸付米・助成米・拝借米などといわれた）の量や金銭の額であったが、これは藩の財政状況の悪化を反映して、徐々に少額となっていったようである。たとえば、文政四年（一八二一）には、企救郡の「窮民」（「鰥《かん》寡《か》孤独極難の者」）九十五人に対して、「一人につき、（米）一俵づつ」が与えられた（三月十日条。第三巻）。だが、これが安政期になると激しい減米となっている。すなわち、安政三年（一八五六）の七月十一日に、新津・延永両手永の極難者に下賜された心付米では、七十六人に計六石が与えられたに過ぎなかった。つまり、一番多く与えられた者で一斗六升、一番少ない者で五升であった（第九巻）。

また、この前年（安政二年）の十二月には、極難者に対して、「被下銀」と称された銅銭が支給されたが、これは四十五人に、しめて二〇〇文を割り与えるものであった。これは、一人当たりにならすと「一匁三分八厘」となり、そのため、さすがに平左衛門も「あまり少分に候」と受け止め、自分の銭を付け足して、一人二匁ずつとすることを決意する（しかし、この提案は、藩吏の反対にあって、ひとまず見合わせとなる）（十二月九日条。第九巻）。

さらに、難渋者に対する支給は、後年になればなるほど少量（額）となった。たとえば、万延元年（一八六〇）六月段階になると、この年の麦の出来が悪かったこともあって、難渋者十八人に対して、それぞれ、わずか「米五升づつ」の支給となった（六月二十日条。第十巻）。また、幕府の貨幣改悪や対外交易の進展などによる物価高およびそれに連動した米価の高騰によって、米そのものを支給しえなくなることも生じた。そこで、小倉藩が採ったのが隣領からの雑穀の購入であった。すなわち、文久元年（一八六一）の六月に、肥後（熊本）から買い入れた粟《あわ》七五〇俵が企救郡以下六郡の窮民に対して下賜された（『小森承之助日記』の六月八日・九日条。第二巻）。

地域リーダー独自の対応策

こうした中、地域リーダー独自の対応策として注目されるものがある。一例を挙げると、安政二・三年頃に平左衛門らが採用した対応策に次のようなものがあった。それは、「極難《ごく》」者で子供の数が多く、しかも癩病（ハンセン病）の子供や目の不自由な娘がいる家族に対しての緊急の措置であった。平左衛門らは、これを「はなはだ不便（＝不憫《ふびん》）の事につき、三味線一丁あい求め遣し、盲女には三味（線）を習らわせ、自分の生活なりとも致させ候よう」に取り計らったのである。

もちろん、これは粗末な「稽古三味（線）」であったが、とり急ぎ「ばち」とともに与えた（なお、「能き三味線」は、翌辰年〔＝安政三年〕に、「また一丁あい求め遣し候事」となった。安政二年十二月晦日条。第九巻）。そして、彼らは、安政三年の正月九日、この娘を庄屋の会合の席に招き、「祝義の謡《うたい》を少々謡わせ」ることになる（同前）。いって見れば、障害者の自立を促がす支援策の一つであったと評せよう。

## 四　幕末最終段階の中村平左衛門と民衆

### 息子へのバトン・タッチ

さて、本章の最後に、中村平左衛門と彼の管轄下にあった地域住民の幕末最終段階の動向を、ごく簡単に振り返っておくことにしたい。この点を明らかにするうえで、最初に押さえておかねばならないのは、平左衛門から倅《せがれ》（息子）の泰蔵へのバトン・タッチがなされた時期である。むろん、これは、厳密な意味では、平左衛門が公務から完全にリタイアした時期となるが、その前に彼の老化を見据えて、内々で早い段階から、すでにバトン・タッチに向けての動きが始まっていた。こうした動きの開始年としては、嘉永二年（一八四九）が挙げられる。まず、この年の年始の挨拶に泰蔵（当時は寅太郎と名乗っていた）が出る。ついで、三月四日、これまた初めて、宗門改の仕事に役人として参加する（第八巻）。

以後、泰蔵は積極的に公務に関わっていくことになる。たとえば、閏四月十二日には、「諸事見習いのため」に大里（＝地名）へ出張し、つづいて、この年の末には、平左衛門に代わって諸社（＝諸々の神社）に参詣することになる（第八巻）。そして、先述したように、安政二年の八月二日津田手永の大庄屋本役を拝命し、ここに大庄屋としての仕事を始め、父に代わって大庄屋の会合などに出席するようになる。ついで安政六年（一八五九）の正月には、病気で登城できなかった平左衛門の代わりに、泰蔵が年賀の挨拶のために登城し、「御節」を「頂戴」することになる（正月三日・四日条。第十巻）。しかし、彼が平左衛門に代わって、本当の意味で家の顔となるのは、もう少し後のことになる。父の存在があまりにも大きかったためである。

平左衛門から泰蔵へのバトン・タッチがなされたのは、幕末最終段階の文久年間に入ってからのことであった。文久二年（一八六二）の五月二十二日、平左衛門から「役筋」に対して、天保十年（一八三九）に自分に仰せ付けられた「代々格式子供役」を倅の泰蔵に「譲渡」したいとの願書が提出される。そして、これが翌二十二日、藩によって聞き届けられる（五月二十六日条。第十巻）。ここに、きちんとした形で、父子間での職の交代がなされたのである（なお、この年、平左衛門は津田村大庄屋役宅の北隣に隠居宅の建設を始め、同年中に完成した）。そして、翌年、長州藩と小倉藩の間で緊張が高まると、よりこのことは明白となる。

## 攘夷実行をめぐる長州藩との確執

広く知られているように、文久三年（一八六三）の五月十日、長州藩が下関海峡を通過中のアメリカ船等を砲撃してから、小倉藩が一連の大騒動に巻き込まれることになる。攘夷を他藩に先駆けて実行した長州藩は、対岸にある小倉藩に対して、外国船を砲撃する（両藩で挟み撃ちする）ことへの協力、ならびに砲台の借用を申し出たものの、小倉藩が幕命がないことを理由にこれを断わったからである（六月二十八日条。第十巻)。

　長州藩が、小倉藩に対して、このような切羽つまった要請をしたのには事情があった。それは、長州藩が砲台に装備した大砲の射程は短く、外国船が小倉藩領に沿って就航すれば、攻撃はまったく効果がなかったことである(『小倉藩幕末維新史料』)。そのためもあって、執拗な要請となった。しかし、小倉藩が拒否したために、ここに同藩は長州側の反発をかい、このあと、長州藩兵が六月中旬に小倉藩領の田野浦に上陸して、強引に砲台を借り、ついで陣屋等を建てるに至った(ただし、九月上旬、長州藩兵は田野浦を引き払った)。こうしたことが、ただちに中村平左衛門家に波及することになる。小倉藩では、農兵(農民から徴集した兵士)を組織し、彼らに、まず剣術や砲術の稽古をほどこし、ついで、それが西洋流砲術の稽古にまでおよぶことになった。そして、この農民サイドの統括者として、大庄屋クラスが駆り出され、彼らは十一月頃の段階で、剣術や西洋流砲術の調練はおろか、騎馬の稽古まで藩から命じられることになる。

## 泰蔵の出番

　むろん、ことここに至っては、老人の平左衛門がしゃしゃり出るわけにはいかなくなった。当然、若い泰蔵の出番となる。平左衛門の日記を見ると、こうした動きのごく最初のものとして目につくのは、文久三年の十一月三日に、泰蔵が仲間と剣術の稽古に励み、つづいて同月の十七日に、近辺の農兵を連れて、やはり剣術の稽古をしたとの記述である。以後、郡方においては、庄屋らを中心に、農兵の組織化と、彼らの武芸調練（西洋流砲術の稽古もふくむ）が繰り返しおこなわれるようになる。そして、泰蔵には、元治元年の十月、藩から大庄屋として対長州戦に従軍することが命じられた（十五日条。第十巻）。ついで、十一月八日、改めて従軍と企救郡の大庄屋として「御先手付小荷駄世話方」を命じることが告げられ、彼は十四日に家を発ち出陣する。

## 藩の受けた迷惑

そして、この時、平左衛門は数えの七十二歳であったが、十一月十四日より八幡宮へ「日参」して、泰蔵の「運命長久」を「祈願」することになった。そして、併せて泰蔵着用の胴服に「詠歌」を認めた。それは、「君がため　たとえ散るとも　香の残る　処と時を　思へ此花　七十二翁」というものであった（十一月十四日条。第十巻）。

なお、ここで長州藩とのトラブルが小倉藩および領民にとって、迷惑このうえなかったことについて簡単にふれておきたい。まず小倉藩のうけた迷惑であったが、これはひとえに朝廷と幕府の関係が当時ゆらいでいたことによった。長州藩の申し分は、外国船を五月十日をもって打ち払わねば、攘夷を命じた「朝命」に背くことになるというものであった。そして、小倉藩に対して、この理窟を楯に自藩への協力を求め、挙句のはて、小倉藩領内の田野浦を占拠した。ところが、幕府は、大政委任の原則を楯に、攘夷を実行する主体は幕府にあるとして、いま現在は外国側から襲撃してこない限りは打ち払ってはならないとした。

このあい矛盾する朝命と幕命の間にあって小倉藩は大いに苦しめられることになる。そして当初は幕命を順守したが、やがて勅使（正親町公董《おおぎまちきんただ》）の使者が小倉にやって来て、攘夷の実行を迫ると、やむなく、これを受け入れることになる。すなわち、文久三年の七月十六日、外国船が来航の際に打ち払うことに決定した旨を管内に布告した（『小森承之助日記』の七月十七日条。第三巻）。したがって、長州藩兵が、前述したように、田野浦から撤退したのは、直接的にはこの布告が発せられたことによった。

地域住民が受けた迷惑

一方、地域住民がうけた迷惑であったが、これは各方面におよんだ。いうまでもなく、その第一は農兵として取り立てられたことである。すなわち、農兵に選ばれた者は、武術の稽古のために時間をとられ、かつそのうえ鉄砲や具足など武器や武具はすべて自弁とされたために、大きな経済的損失をこうむることになった。また農兵として、郡屋や家老宅・役所等へ働きざかりの男が出張すれば、当然、留守家族の生活にも支障がでた。さらに、戦争が始まれば、戦死もしくは戦病死する可能性も生じた。また、勅使がやって来たことで、降雨が続いても、通行に差し障りがないように、砂利などを入れた道づくりが急がれたが、こうしたことにも地域住民は動員された。いずれにせよ、地域住民のうけた迷惑には非常なものがあったのである。

戦闘開始

もっとも、この第一次長州戦争では、長州藩が伏罪したので、泰蔵が実戦に参加することも、小倉藩領が戦場となることも、ともになかった。小倉藩領が実際に戦いの場となったのは、第二次長州戦争時であった。慶応二年（一八六六）六月、泰蔵は「御先陣小荷駄警衛」のため田野浦に出役することになった（五月二十九日条。六月四日条。第十巻）。そして、六月十七日の早朝、長州軍の田野浦襲来によって九州方面の戦闘が開始される。

いざ、戦闘が始まると、郡夫を出した留守家族の間では、たちまち動揺が生じた。平左衛門によれば、「（郡夫の）家族ども、大いに気づかい、人別ざわざわと、あい騒ぎ、仕事等する者は一人もこれ無き事」となったのである。そして、戦場を逃げ出す者（「抜け帰り候」郡夫）が多数におよんだ（六月十七日条）。

### 小倉落城と日記の終了

この時、平左衛門は、積極的に息子を支える姿勢を示した。彼は田野浦での戦闘が始まった翌日にあたる六月十八日、泰蔵の宿陣所に下男を派遣して、ゲベール銃や服（「浅黄胴服」）などを届けさせた。そして、同様の行為（陣所へ道具や衣類などを届けさせる）はこの後も続いた。ところが、このあと、彼の日記は、七月晦日「晴」の記述で、突如、終了することになる。翌八月一日、長州軍の攻勢の前に追い込まれた小倉藩兵が、城（小倉城）に火をつけ小倉の地をあとにする。ついで、藩庁を田川郡の香春（現、福岡県田川郡香春）へ移す。こうした状況下、平左衛門としても、一人日記をつける心の余裕をなくしての結果であったと想像される。

### 生肝を食す

なお、この第二次長州戦争時には、現代の我々からすれば、誠にグロテスクに感じられる話が、平左衛門の日記に載っている。それは人間の生肝に関わる話である。慶応二年の七月二十七日、長州藩兵と小倉・肥後両藩兵が合戦した際（大谷辺での合戦）、山中に逃げ込んで隠れていた「長州人」が翌日「狩り出さ」れた。その時、彼らの「生肝を取」って「肥後人」が「焼いて喰し」たらしい。そして、泰蔵配下の「郡夫の内」に、「その焼き肝を少々もらい帰り候者」がでたという（第十巻）。

『養生訓』中の註釈によると、唐時代の医者である陳蔵器がその著書で、「人間の肉が病気の治療に効がある」と述べたので、親孝行な子供の間で、父母が病気のとき、自分の肉を切り裂いて与えることが流行したという。そして、こうしたことが後々まで伝えられたとみえ、江戸期においては、人間の生肝（なかでも若者のそれ）は医者が匙を投げた難病患者にも効果があると信じられ、時に生肝を求めての殺人事件も発生したとの記録が残っている。こうした背景を考えると、この時も捕えられた長州人は当然若かったはずだから、このような結果となったのであろう。おぞましい話だが、当時の人々の生に対する執着の一斑も解ると思われるので、ここで紹介しておきたい。

### 長州側が勝利を収めた理由

さらに、ここで、いま一つ加筆しておきたいことがある。それは、この二度にわたった幕長戦争（幕府側と長州側との戦争）で、なぜ小倉藩をも含む幕府側が長州軍の前に敗れ去ったのかという問題につながることである。幕長戦争において長州側が勝利を収めた理由については、昔から様々な理由が挙げられている。①慶応元年（一八六五）

閏五月の時点で、長州本藩と支藩が一体となった抗幕体制が確立し、長州藩が藩をあげて征長軍に対峙できるようになったこと、②幕府側が概して戦闘意欲に乏しかったのに比べて、長州藩の指揮系統が統一され、かつ戦術が秀れていたこと、等々である（拙著『徳川慶喜』［人物叢書］）。

そうしたものの中で、近年とくに重視されだしたのが、長州藩兵が民衆の支持を得たがゆえであったとする見解である。すなわち、幕府側の将兵が民衆にとって敵対的な行動をとることが多かったのに対し、長州側がその反対であったことが強く指摘されだしている。つまり、戦闘において、幕府側は、作戦上、民家が邪魔だと判断すれば焼き払ったりした。ところが、これとは対称的に、長州軍は民衆への食糧支援を積極的におこない、場合によっては病人の治療にもあたった。こうした差が、第二次長州戦争において、長州側と幕府側の運命を分けることになったというのが、近年の重要な指摘である（三宅紹宣『幕長戦争』）。

平左衛門の冷静で客観的な観察

こうした視点に立つと興味深いのが、平左衛門の観察である。彼は、いち早く情報を収集して、長州藩兵が田野浦に上陸して、砲台や陣屋を構えた文久三年の時点で、次のような高い評価を長州側に与えた。「長州侍は、田野浦その外、近村においても法外の働きいたし候えども、これまで金銭利欲の振る舞いはこれ無く、物払い等は、いたって奇麗にこれ有り候（下略）」（七月二十八日条。第一巻）。三年後の第二次長州戦争での長州側の勝利は、平左衛門の評価の延長線上にあったのである。そして、平左衛門が、敵方である長州藩兵を、このように冷静かつ客観的に評価できたのは、彼が秀れた農村指導者であったからに他ならなかった。このことを本節の最後に指摘しておきたい。

# おわりに

以上、第Ⅰ部では幕末維新期に活躍した著名人の老病死にまつわるエピソードを主として紹介した。ついで第Ⅱ部では、大庄屋として地域のリーダー役を勤めた人物の動向を中心に、ごく普通の人びとの老病死に関係する話や生活のあり方を紹介した。ただ、残念ながら、史料面の制約と、筆者である私の力量不足が重なって、表面的な分析と紹介に止まることになったかと思う。そうであるなら、お許しを願いたい。そうした中、本書の「まとめ」としては、改めて次のようなことが言えるかもしれない。

第一点は、感染症とともに生きざるを得なかった江戸期の人びとは、幕末のごく一時期を除いて、否応なしに自身の寿命に身をゆだねて、黄泉《よみ》の国へと旅立ったということである。それは、様々な年齢や状況下での死がある（すなわち、若死もあれば中年や老年での死もあり、また自然死も事故死もある）ことを当然だとして受け入れた時代や社会であったということである。一方、これに対して、我々の生きている現代の社会では、人間は年齢相応に変化していく（老化に向かう）ことを、なかなか認めたがらないようなところがある。そして、これは、すでにふれたことだが、高齢での、こぞっての死がごく当り前となった現代では、例外的な死を迎えることになる者の苦しみは、かえって深くなったような気がする。つまり、なんらかの理由で、他人よりも若くして死ななければならなくなった者の苦しみは、より大きくなったのではなかろうか。極端なことを記せば、平均寿命よりも短命に終われば、それが客観的にみて、十分、長寿に属する年齢だと思われても、本人にとっては落胆する材料となるかもしれない。

第二点は、第一点と大いに関係するが、人間の老病死のあり方はもっと多様なものであっても良いような気がする。本文中で見てきたように、前近代の社会では各人の生き方が多様であったように、その老病死のあり方も多様であった。そして、ここに、われわれ後世の者が前近代の社会に対して魅力を感じる理由の一つがあるように思うが、いかがなものであろうか。つまり、不幸にも、若くしての死ではあっても、それまでの人生の密度が濃ければ、それはそれで十分に良しとせざるをえないのではといった死が、前近代には少なくなかったように思える。換言すれば、結果的に短命ではあったが、濃縮された生の素晴らしさがあったことに、改めて気づかされたような気がする。

第三点は、江戸期にあっては、これまた本文中でも指摘したように、他人の病名が探索されることは少なかった。あくまで、自分にとって大事な存在、あるいは重要な意味を占めた存在が亡くなったということが大事であった以上、その死因はどうでも良かったのである。それが、病死という、ごく簡単な表現ですまされた最大の要因となった。

これに対し、現代人は必要以上に病名・死因にこだわりすぎるように思う。もちろん、亡くなった人物の病名を知ることで、自分の罹患した病気への対策を樹てることが出来、それが長寿にもつながる可能性を拓くことはあろう。しかし、逆に、病名に縛られて意識過剰になり、結果的に命を縮めかねないことも起こっているのではなかろうか。江戸後期の人びとは、病名を知り得なかったがゆえに、もし体調が悪くても漠然とした不安にとどまれたのではなかろうか。反対に、我々は、ハッキリとした病名を知りうる立場にある。これは、場合によっては、余命を知ることでもある。いや、現代の発達した先端医療の力量をもってすれば、我々は余命を十分に知り得る状況下にある。そうしたことが、はたして幸せなことかどうか。

たとえば、余命があと三ヵ月だと告げられたとする。私などのような小心者は、この三ヵ月の間に、誰にどういうことを伝言しなければならないとか、仕事の後始末を早急につけねばならないとかで、大いに苦しむような気がする。とくに齢を重ねると、一日がとても早く経過するように感じられるので、焦りも、その分、加速するかもしれない。また、仮にあと十年間の長寿を保証されたとしても、人によってはもう十年しか残されていないのかとブルーな気分になることだろう。それよりも、たとえ明日死ぬような運命であったとしても、知らないで済めば幸いかもしれないなとも思う。いわゆる「知らぬが仏」である。

第四点は、中村平左衛門が、その膨大な量の日記の中で、「老い」を嘆く類いの言葉をいっさい吐いていないことの意味を改めて考えたいことである。平左衛門は長命であったにもかかわらず、不思議なほど「老い」についての感想を記してはいない。これは若い時分なら至極当然のことだが、彼は老年期に入った後も同様であった。もちろん、これには、彼が最晩年にいたるまで、いわゆる悠悠自適といえるような生活を送れなかったことにもよろう。つまり、「老い」を嘆く暇《いとま》がなかったということである。

しかし、それ以上に大きな要因があったと見なせる。それは、中村平左衛門（および当時の人びと）にとって、老いて病気になり、死を迎えることがあまりにも自然であったことである。すなわち、こうしたことは、わざわざ口（言葉）にしたり、文章で記すようなことではなかった。したがって、現代のインテリ老人のように、老残（＝老いぼれながら生き長らえること）の身を嘆くような、はしたないことはしないで済んだ。人間は誰しも年齢を重ねると病気がちになり、やがて死んでいくのである。これは、別段、嘆くことでも不格好なことでもなかろう。自戒すべきだと思う。

以上、筆を擱くにあたって、若干の問題提起と個人的な感想を付した。本書全体を通して、多少なりとも、読者諸氏にとって参考になりうる点があれば、筆者としては望外の喜びである。

# 主要参考文献

一　著作・論文他


家近良樹『徳川慶喜（幕末維新の個性1）』（吉川弘文館、二〇〇四年）
家近良樹『その後の慶喜――大正まで生きた将軍』（講談社選書メチエ、二〇〇五年）
家近良樹『幕末の朝廷――若き孝明帝と鷹司関白』（中公叢書、二〇〇七年）
家近良樹『西郷隆盛と幕末維新の政局――体調不良問題から見た薩長同盟・征韓論政変』（ミネルヴァ書房、二〇一一年）
家近良樹『徳川慶喜（人物叢書）』（吉川弘文館、二〇一四年）
家近良樹『江戸幕府崩壊――孝明天皇と「一会桑」』（講談社学術文庫、二〇一四年）
井黒弥太郎『黒田清隆（人物叢書）』（吉川弘文館、一九七七年）
井上勝生『幕末維新政治史の研究』（塙書房、一九九四年）
ウィリアム・H・マクニール『疫病と世界史（上・下）』（佐々木昭夫訳、中公文庫、二〇〇七年）
氏家幹人『江戸藩邸物語』（中公新書、一九八八年）
遠藤幸威『女聞き書き　徳川慶喜残照』（朝日文庫、一九八五年）
笠原英彦『明治留守政府』（慶應義塾大学出版会、二〇一〇年）
酒井シヅ『戦国武将の死亡診断書』（株式会社エクスナレッジ、二〇一二年）

篠田達明『偉人たちのカルテ』(朝日文庫、二〇一三年)
司馬遼太郎『「明治」という国家』(日本放送出版協会、一九八九年)
子母澤寛『新選組始末記』(中公文庫、一九七七年)
新村拓『老いと看取りの社会史』(法政大学出版局、一九九一年)
鈴木則子『江戸の流行り病――麻疹騒動はなぜ起こったのか』(吉川弘文館、二〇一二年)
立川昭二『江戸老いの文化』(筑摩書房、一九九八年)
戸張裕子(河合重子監修)『微笑む慶喜――写真で読みとく晩年の慶喜』(草思社、二〇一三年)
服部敏良『江戸時代医学史の研究』(吉川弘文館、一九七八年)
服部敏良『事典 有名人の死亡診断 (近代編)』(吉川弘文館、二〇一〇年)
富士川游『日本疾病史』(平凡社〔東洋文庫〕、一九六九年)
富士川游『日本医学史 決定版』(形成社、一九七二年)
三谷博『愛国・革命・民主――日本史から世界を考える』(筑摩選書、二〇一三年)
三宅紹宣『幕長戦争』(吉川弘文館、二〇一三年)
宮地正人『歴史のなかの新選組』(岩波書店、二〇〇四年)
柳谷慶子『江戸時代の老いと看取り』(山川出版社、二〇一一年)
石坂尚武「中世カトリシズムによる黒死病の受容」(『文化史学』第五六号、二〇〇〇年)
石坂尚武「西欧の聖人崇拝のあり方と疫病の守護聖人セバスティアヌス」(『説話・伝承学』第

十六号、二〇〇八年）
石坂尚武「黒死病でどれだけの人が死んだか――現代の歴史人口学の研究から」（同志社大学人文学会『人文学』第一八九号、二〇一二年）
板垣邦子「農村老女性の境遇――『国民生活時間調査（昭和一六年調査）』より」（『日本歴史』第七七六号、二〇一三年）
大藤修「老いていかに生きるか――下野の老農『田村吉茂』と仙台藩儒学者『芦東山』」（同右）
新村拓「近代の老いと看取り」（同右）
松薗斉「日記の記主と『老い』――藤原宗忠を中心に」（同右）
真辺将之「老年期の板垣退助と大隈重信――政治姿勢の変化と持続」（同右）
小野寺淳「道中日記に見る伊勢参宮ルートの変遷――関東地方からの場合」（筑波大学地球科学系『人文地理学研究』XⅣ、一九九〇年）
楠本秀忠・中尾美喜夫・福井孝明・禿正信「季節変動が身体活動量に及ぼす影響」（『大阪経大論集』第五三巻第六号、二〇〇三年）
圀府寺司「イディッシュとはなにか」（『芸術新潮』二〇一三年七月号）
高久嶺之介「明治前期の村と衛生・病気――京都府乙訓郡上植野村を対象に」（京都橘大学女性歴史文化研究所編『医療の社会史――生、老、病、死』思文閣出版、二〇一三年所収）
原口清「孝明天皇の死因について」「医学と歴史学」（ともに『原口清著作集　王政復古への道』

二、岩田書院、二〇〇七年所収）
松田美智子「没後十五年　三船敏郎の栄光と、その破滅――世界のミフネはなぜ『日本の三船』になれなかったのか」（『文藝春秋』第九十一巻第十二号、二〇一三年）

二　史料
『中村平左衛門日記』一〜十（北九州市立歴史博物館編集発行、一九八二〜一九九三年）
『小森承之助日記』一〜五（同右、一九九五〜一九九九年）
貝原益軒『養生訓・和俗童子訓』（岩波文庫、一九六一年）
平野重誠『病家須知　翻刻訳注篇上・下』（農山漁村文化協会、二〇〇六年）
看護史研究会編集・執筆『病家須知　研究資料篇』（同右）
「大日本維新史料稿本」（東京大学史料編纂所蔵。マイクロ版集成）
『諸氏談話』二（島津久光から幕末維新期の薩摩藩に関する事跡の調査を命じられた市来四郎らが、明治二十一年に関係者を訪問して聞き取ったもの。写しを筆者の研究室で所蔵）
「杉田家文書」（大阪経済大学図書館蔵）
『維新前後　実歴史伝』巻之一・二（一八九一年）
『大西郷全集』二（大西郷全集刊行会、一九二七年）
『橋本景岳全集』下（岩波書店、一九三九年）

『小笠原壹岐守長行』（小笠原壹岐守長行編纂会、一九四三年）
アーネスト・サトウ『一外交官の見た明治維新』上（坂田精一訳、岩波文庫、一九六〇年）
『逸事史補（幕末維新史料叢書4）』（人物往来社、一九六八年）
立教大学日本史研究会編纂『大久保利通関係文書』三（吉川弘文館、一九六八年）
『回天実記（幕末維新史料叢書7）』（新人物往来社、一九六九年）
鹿児島県維新史料編纂所編『鹿児島県史料　忠義公史料』一〜四・七（一九七四〜一九八〇年）
鹿児島県歴史資料センター黎明館編『鹿児島県史料　玉里島津家史料』一〜四・六（一九九二〜一九九七年）
村田峰次郎編『大村先生逸事談話』（マツノ書店、一九七七年）
平尾道雄監修、宮地佐一郎編集・解説『坂本龍馬全集』（光風社出版、一九八二年）
「薩長同盟実歴談」『山内家史料　幕末維新』六（山内家史料刊行委員会、一九八四年）
宇都宮泰長編著『小倉藩幕末維新史料』（小倉藩史研究会、二〇〇〇年）
戸川安宅編『旧幕府』五（マツノ書店、二〇〇三年）
『木戸孝允関係文書』一・三（東京大学出版会、二〇〇五年）
『岩倉具視関係史料』上・下（思文閣出版、二〇一二年）

# あとがき

数年前に出版した拙著（ミネルヴァ本）のあとがきにも、同じようなことを記したが、私は長期にまたがる計画を立てて（すなわち、長期的な展望のもとに）研究し、そのあと執筆するというタイプではない。その時々に、ひょんなことで出会った（遭遇した）テーマで、執筆が可能だと判断しえれば書くという、いわば行き当たりばったりタイプの研究者である。これまで、そうしたことの積み重ねで論文や著作を発表してきた。図らずも、今回もそうなった。

きっかけを与えてくれたのは、人文書院の若き編集者松岡隆浩さんである。松岡さんから、本書の核となる企画を持ち込まれた時、正直に言って、当初は大いにとまどった。自分の中に、老いを中心に、病と死をふくむテーマで、一冊の書物を出そうという類いの妄想も意欲も、ともにまったくなかったからである。

確かに、数年前、体調不良という観点から西郷隆盛らの動向を分析した書物を上梓した際、従来の日本史研究があまりにも健常者中心だとの批判をおこなったことはある。が、それは、老病死の問題を取り上げることは、人間と社会を対象とする学問である歴史学のあり方を考えると、必要であり意義があるとの多分に一般論としての主張であった。したがって、自分自身が老病死の問題そのものに取り組む気持ちは、さらさらなかった。

ただ、本書の冒頭でも触れたように、自分が難病（特定疾患）に苦しめられ続ける中、思い至った対処法（病気との付き合い方）を、なんらかの形で、難病患者（とくに若い人達）に伝えたいとの思いはあった。また、西郷に関する前掲拙著が、思いがけず、広い層の人びとの関心を惹き、マスコミ等でしばしば取り上げられたことも、今回の執筆につながった。老病死の問題が、すぐれて現代的なテーマであることを、改めて突きつけられるかたちとなったからである。

それといま一つ、松岡さんから企画を持ち込まれた時、丁度、自分にとって三冊目となる徳川慶喜本（吉川弘文館から刊行されている人物叢書の一冊として、今年一月に出版された）をほぼ書き上げた段階であった。そして、この著作で相当な煮詰まり感をおぼえていた私は、気分転換を迫られていた。また、機会があれば、肩肘を張らない、エッセイ風味の書物にも挑戦してみたい気持ちも、少しだがあった。

こうした諸々の状況下での執筆依頼であったので、私としては、ほんの少し時日が経過した時点で、珍しく心が動き出した。もっとも、執筆には、かなりの困難がともなうであろうことは、すぐに理解しえた。実際、本書の執筆を開始すると、前途多難となるであろうことを痛感させられた。その第一は、老病死の問題を想定して、これまで研究したことがなかったので、私の中のストック（蓄《たくわ》え）がほとんどなかったことである。そこで、とりあえず、これまでに目を通したことのある史料を中心に、改めて老病死の問題を視野に入れて、史料を読み返す作業から始めることにした。すると、これは私にとって新たな発見につながった。視点を変えると、史料というのは目にとまる箇所がこれほど違うのかとの発見があった。また、本書の執筆を通じて自分自身のこれまでのあり方も多少は振り返ることが出来た。

　さて、最後の最後に記したいことが幾つかある。その一は、現代人はあまりにも老病死の問題を、自分自身の経験と重ねて考えようとしなさすぎるのではないかということである。つまり、医師の指示にただ従うだけで、自分なりに病気になった原因を振り返り、今後のことを真剣に考える努力を怠っているのではないか。その結果、経験知（自分の体験や知識）にもとづく直観力といったものが著しく衰えているのではないかとの思いを強くした。それは、別の言い方をすれば、考えに考え、そのはてに、自分自身が十分に「納得」して、自らの老病死を受け入れることがいかに重要かということでもある。

　私自身、多少の紆余曲折はあったものの、厄介な病気に、やっと真っ向から向きあう気持ちになって、初めて理解できたことがある。それは、①残念ながら、泣いても叫んでも、どうにもならない厳しい現実が目の前にあること、②人間はいつまでも生き続けられないこと、③早いか遅いかは人さまざまだが、いつかは終わりがくる（一人で死んでいく）こと、等々である。きわめて当たり前のことを、わざわざ書いたのは、これまで逃げていたため、こうした当たり前のことが、自分でも「納得」できていなかったと気づかされたからである。

ところが、自分の年齢から考えて、病気に苦しめられるのも、先が短いのもごく当たり前だと改めて気づくと、心が不思議なほど落ち着いた。そして、自然と、これまでの人生に感謝の念が涌いた。これも、それなりに自分でも苦しみ続けた中、ようやく「納得」できたためであろう。そして、これが、先人のいう「自得」というものかと思った。

ついで、その二は、万人に普遍的にあてはまる理想的な老病死の迎え方などはないのではということである。すなわち、老病死の問題は、各人（一人ひとり）の生き方や価値観・世界観・死生観と深く結びついている。したがって、人によって違って当然だろう。私の場合に限れば、病気を招いたのは、やはり、おのれの能力や加齢（老化の進行）を軽視したかのような無理な生き方が一番の要因であったと考える。それに遺伝的な要素も少しは関係していようか。

「分相応」とか「知足安分」といった言葉がある。若い頃は、上から目線に立つ人物が発する、何という嫌な言葉かと思っていた。しかし、今は違う。昔から語り継がれてきた言葉は、それなりの真理をふくんでいると、つくづく感じられるようになった。

誰もが、同じ種類の能力を持っているわけではない。しかし、それぞれが他人にはない能力を持っている。そうした中で、自分の能力を冷静に（客観的に）見つめ判断して、自分がどういう方面に向いているのか、自分が努力してギリギリ達成できる夢は、いったい何かといったことを常に考え、ついで夢の実現に向かって邁進できることが、最も素晴らしい人生の歩み方のような気がする。

その際、大事なのは、頑張り過ぎないことであろう。全力疾走で駆け抜けるのではなく、少しスピードを落とす勇気をもって、その分、しつこく、コツコツと、あせらず、夢の実現に向かって、ゆっくり駆けるか、歩き続けるのが、ポイントだと思う。そして、不幸にも難病にとりつかれれば、じっくりと病気と付き合っていけば良いのではと考える。

難病といえども悪いことばかりではない。本文中にも記したように、難病になり、ほんの少しだが、死と向きあう経験をもてたことで、理解しえたこともあったからである。そして、どう生きるか（死ぬか）は自分の問題なのだから、自分であれこれと考えて（自得して）、一番ベターだと思える対応策を採り、それで駄目だったら（つまり死を迎えたら）仕方がない。そういう運命だったと、諦める以外にないだろう。これが、私が最終的にたどりついた結論である。しかし、これは、むろん、私だけにあてはまる結論でもある。

二〇一四年二月吉日

家近　良樹

や　行



ら　行



わ　行

た　行



な　行



は　行



ま　行

# 人名索引

## 著者略歴


家近良樹（いえちか　よしき）

1950年、大分県生まれ。同志社大学大学院文学研究科博士課程単位取得退学。中央大学博士（文博乙第９号）。中学・高校の教員を経て、現在、大阪経済大学経済学部教授。専攻は幕末維新史。著書に以下がある。『幕末政治と倒幕運動』（吉川弘文館、1995年）、『浦上キリシタン流配事件　キリスト教解禁への道』（吉川弘文館、1998年）、『稽徴録　京都守護職時代の会津藩史料』（編著、思文閣出版、1999年）、『幕政改革（幕末維新論集３）』（編著、吉川弘文館、2001年）『孝明天皇と「一会桑」　幕末・維新の新視点』（文春新書、2002年→『江戸幕府崩壊』講談社学術文庫、2014年）、『徳川慶喜（幕末維新の個性１）』（吉川弘文館、2004年）、『その後の慶喜　大正まで生きた将軍』（講談社選書メチエ、2005年）、『もうひとつの明治維新　幕末史の再検討』（編著、有志舎、2006年）、『幕末の朝廷　若き孝明帝と鷹司関白』（中公叢書、2007年）、『西郷隆盛と幕末維新の政局　体調不良問題から見た薩長同盟・征韓論政変』（ミネルヴァ書房、2011年）、『徳川慶喜（人物叢書）』（吉川弘文館、2014年）。




Printed in Japan.
ISBN978-4-409-52060-4 C0021

老いと病でみる幕末維新
―人びとはどのように生きたか―

二〇一四年七月一日　初版第一刷印刷
二〇一四年七月一〇日　初版第一刷発行

著　者　家近良樹
発行者　渡辺博史
発行所　人文書院

〒六一二-八四四七
京都市伏見区竹田西内畑町九
電話〇七五(六〇三)一三四四
振替〇一〇〇〇-八-一一〇三

印刷　亜細亜印刷株式会社
製本　坂井製本所
装丁　間村俊一




http://www.jimbunshoin.co.jp/

知野文哉著

# 「坂本龍馬」の誕生

船中八策と
坂崎紫瀾　二六〇〇円

船中八策は後世に作られたフィクションであることを実証した画期的研究にして、一級の歴史エンタテイメント。

**第24回高知出版学術賞受賞**

本書のポイント…3つの「初めて」

・「船中八策」は龍馬の手によるものではないことを実証
・龍馬像の形成に最大の貢献をした人物・坂崎紫瀾の業績を詳細に解明
・幻の未公刊史料、瑞山会編「坂本龍馬傳艸稿」を発掘紹介

表示価格（税抜）は2014年７月